U0069223

生活是一場熱情的遊戲

吳家德——著

獻給我生命的貴人，

廖先生

目次

輯二、生活是一場熱情的遊戲

輯三、不做最厲害的專家，做最自在的玩家

推薦序

像小太陽一樣持續釋放的熱情

◎王永福（頂尖企業簡報教練・老師們的教學教練）

這本書，最早讀的不是我，而是現在最火紅的ChatGPT。

原因是，我想透過ChatGPT來總結內容重點後，再比對我自己的閱讀心得，之後做一個對比。看看ＡＩ看的心得，跟我自己看的心得，會有多大的差異？所以我寫了一個小程式，請ＡＩ分段讀入文章內容，並逐段總結，最後抓出全書的內容重點。

ＡＩ在內容分析後，給我了幾個重要的關鍵字「熱情、利他、能量、夢想、成長、快樂、助人、行動」，然後寫了大約五百字的摘要。看起來有模有樣的。

這時我自己再開始閱讀全書的內容，邊看我邊覺得：「道理不難，做到很難。」因為這本書教你不是道理，而是透過家德在生活中的每一個小故事，教大家如何把熱情變成生活，成為自己生命的一部分。因為，他就是這麼做的。而這些每一個小故事，可就是ＡＩ無法告訴你的事。

我認識的家德，就是這樣的一個人！透過憲哥而認識家德，雖然不常見面，但每次偶遇總能感受到他的熱情。不管是每一年對偏遠部落的募款，或是持續的推薦好書、以及邀請講者演講或辦讀書會。他像小太陽一樣持續釋放的熱情，讓身邊的人覺得溫暖，也持續感染著他人。他會問你需不需要協助？哪些地方是他能夠奉獻？有沒有什麼地方是他能幫忙的？好像每一個付出，對他都理所當然，像是呼吸一樣自然。

但從這本書，我才知道原本他是一個內向者，是透過業務與志工，才讓他慢慢的轉變，成為現在的他。這其中的過程跟轉變，值得大家透過書中的文字慢慢體會。大家也才能仔細理解，原來這一切的背後，是他對生活、對生命的熱情。這樣的熱情，伴隨著真誠、微笑、給予、利他，不只改變了別人，也讓他自己成為更好的人。書裡面除了生活的態度，也有家德如何把握生活中的種種機會，創造善的緣分，而透過一個緣分，再開啟更多善的循環。

不同的態度，最終會導引我們擁有不同的人生。就如同我先前分享的：我認為一個好的人生，必須要兼顧專業、商業、志業。家德從一個專業經理人，變為公司的總經理、再持續用他的影響力、文字力及感染力，持續讓世界變得更好。也許就是這樣一顆良善的心，讓這本書更有價值，也值得大家仔細品味啊！

推薦序

熱情生活路上，你的精采路標

◎火星爺爺（作家．企業講師）

一個人「既要」在工作上創造價值，「又要」五湖四海結交朋友，「還要」熱情分享見聞，更堅持「非要」做公益不可……這種人生，有可能嗎？

家德老師，親自示範給你看。他在企業擔任總經理，交友之廣闊我簡直看不到車尾燈，還出書、錄Podcast，每年在臉書公益募款一百萬……

身為家德老師的讀者跟朋友，我常覺得，他把人生當「極限運動」在玩。他是箇中好手，於是當你在看他過生活時，你會感覺，自己像在看太陽馬戲團的精湛演出。

生活本當精采，有熱情就可以創造。這道理人人都懂，但家德老師親證圓滿實踐。他用一個又一個故事告訴你，一個富有熱情的人，生活可以何其豐盛。

這本書分享家德老師熱情生活的點點滴滴，每一篇都讓人有感。你會感動於他的價值觀，驚訝他轉念之快，永遠不被眼前的障礙綁架，總是熱情穿越一切。

家德老師最打動我的，是他的言行合一。當他跟你說「人脈的終極目的是利他」，他不是說說，他做給你看。

書中有提到，家德老師、我和另一位好友大洲相聚的故事，我來說一個書裡沒說的故事。去年我出書的時候，想在台南辦新書分享會。家德老師知道，立刻介紹我認識石罡教練，敲定很棒的「點拾培訓」場地。

我想給台南鄉親驚喜，於是請國中老師在我分享完後，跟大家說幾句話。那天家德老師人在台北，卻搭高鐵趕回台南去接老師，然後送老師到現場……

看到了嗎？他真心想幫你。

對我來說，一個「言行合一」的人，他的精采與威力，就跟武俠世界「人劍合一」的大俠，沒有兩樣。

我推薦年輕朋友，認識家德老師（從這本書開始）。年輕時，我們都會迷惘、困惑、不知道未來怎麼走。這時候你需要一個路標，一個活生生實踐過、又熱情精采的路標。

家德老師，是這樣的路標。

他會讓你明白，「既要、又要、還要、非要」的人生，不是誰的專利。只要有熱情，你也有機會過上這樣的人生。

推薦序

我們可以聊個兩分鐘嗎？以熱情點燃世界的光

◎宋怡慧（作家・丹鳳高中圖書館主任）

「我們可以聊個兩分鐘嗎？」這是我初見家德時的第一印象。他面帶溫煦的微笑，用一個簡單的問句，就輕鬆開啟人際溫情的起點。再見家德依然帶著一抹溫燦的笑意，這次他敞開心胸，真誠坦率地與你交談，有關夢想、有關人生、有關善意、有關利他。謙遜有禮的他卻能不慍不火地燃起聽者內心利他的熱情，猶如《模仿犯》說過的：這個世界黑暗不會消失，我們能做的是用更多的溫暖和光去平衡。

家德以玩心，靜伏歲月深處，憑藉一派熱情，帶給世界一處又一處的溫暖與光明。《生活是一場熱情的遊戲》用三十個主題與故事，拼湊出家德樂於分享、藏不住的熱情，行旅於不同的生命風景，將瀏覽過的、經歷過的奇特景觀，一一羅列於書中，傾盡所能要讓善意的波瀾盪起利他助人的嶄新趨勢。他告訴讀者好好經營人生可從四個面向去深耕：從書寫生活故事成為生活藝術家；從助人找到志同道合的同溫層；用真心真誠尋找到職場貴人好好學習；用熱情結交各路英雄好漢共創榮光時刻。這些看似簡單的人生之道，卻能讓你無入而不自得，日日順風順水。同時，每篇暗藏的理念是：無須外求的內在熱情──「以愛心為基礎，以關懷為核心，以利他為初衷。」家德由內觀照的人生，由外實踐的行動，劇透幸福的祕密就是找到熱情的優勢，讓我們在人生之途馳騁著，無往不利。就像亞馬遜CEO貝佐斯說的：「聰明是一種天賦，而善良是一種選擇。」幸福是付出愈多，內在力量就能愈強大。

「愈忙，心要愈慢」提及家德每年為自己欲修煉的人生目標寫下一句話，當成當年的功課。沒錯，每個人都會從絢麗的舞台走下，也該留給自己一個寧靜的空間，去思考、去充電，洗去風塵僕僕的鉛華，尋回一個成熟、睿智、沉穩的自己，一如《牧羊少年奇幻之旅》提及的：「你的心在哪裡，寶藏就在那裡。」當你釀下利他之酒，歷經時光的發酵，「利他」散發美好祝福的，馨香益遠益芬芳。

本書卷終以〈為這世界點一盞小小的光明燈〉的篇名為書末的祝福，猶如秋季豐盛的金黃世界，點盞善意微光是人間最美麗的風景。熱情的遊戲雖不炫目，卻是簡單的日常累積，它勝過所有繁華的閱歷，彷彿播下初春會萌芽嫩綠的善意種子，替我們有故事的人生畫上一筆又一筆溫柔明淨的色彩，一如家德點燃行善利他的熱情微光，正燦亮我們利他的人生風景。

推薦序

持續玩出一場又一場幸福的遊戲

◎郝旭烈（大亞創投執行合夥人）

家德老師是我非常尊敬的一位企業家、演說家、知名作者，更是一位值得跟隨學習的心靈導師。

曾經有位非常尊敬的長輩告訴我說，每個人都是一本書，好好閱讀、好好品，不僅可以在每個人身上汲取寶貴的能量和養分，更可以找到自己需要和想要的方向和典範。

家德老師，就是一本難能可貴的寶典，第一次閱讀完老師大作《不是我人脈廣，只是我對人好》，書中點亮了我的思維，讓我感知咱們來世上一遭，最重要的就是利他無私的價值觀，讓我時時刻刻提醒自己，最大的幸福不是來自獲得，而是給予和付出。

每次與家德老師的交流分享，不論是電話中或面對面，他爽朗的笑容、溫暖的對待、誠摯的聆聽，在在都能夠讓你擁抱到他的熱情與真誠。

就像這本新書，裡面的每一個篇章、每一段文字，彷彿您都可以歷歷在目感受到，家德老師就像一位鄰家大哥哥，在您身旁輕鬆地聊著天，逸趣橫生地、樂此不疲地、遊戲一般地，向您訴說一個接著一個，饒富深意、貼近生活，卻又蘊含著大智慧的故事。

有兩句我自己非常喜歡的座右銘：

「三百六十行，哪一行最好？跟對人這一行最好。」

「沒有慧根，也要會跟。」

相信這本好書，可以讓我們彼此有機會，近距離的貼近家德老師，「跟」著他，透過每一篇章的小故事、大道理，找到我們自己的過去、現在和將來。

然後就像書裡說的這麼一段話：

「持續熱愛學習，懂得待人接物，生活就是一場熱情的遊戲。」

讓我們好好學習，好好待人，好好跟著家德老師把熱情帶到生活，持續玩出一場又一場幸福的遊戲。

推薦序

傳奇是過度包裝，生活日常才是禮物

◎許榮哲（華語首席故事教練）

認識吳家德之前，我喜歡的故事類型大抵是這樣的。

軍隊裡，一群人搶飯吃，所有人都把飯盛到滿出來，量化之後，約略是一．一碗。然而主人翁卻只盛了七分滿，也就是〇．七碗。飯少就吃得快，當主人翁吃完〇．七碗，又盛了〇．五碗，最後一共吃了〇．七＋〇．五＝一．二碗。

至於那些吃了一．一碗的人，吃完想再盛時，飯鍋已經見底，沒了。

1.2碗>1.1碗

意思就是一開始吃得少的人，最後反倒成了贏家。

這個故事，我以前聽吳家德講過，印象很深。如今再一次看到，是收錄在這本書的〈你會回顧你的人生嗎？〉。

以前的我喜歡這樣的故事，有邏輯、夠銳利、勝負分明，慢司馬打贏快諸葛，絕妙的招數。

認識吳家德之後，我喜歡的故事類型，開始有了一些變化。

例如底下這一個。

某次，吳家德在田間慢跑時，突然下起了大雨，於是他躲進一處工寮。

工寮裡，有位騎著機車的老人也在躲雨，吳家德上上下下打量他幾眼之後問道：

「這輛機車看起來有年紀了。」

「二十幾年了。」

「哇，您一定是一位愛惜東西的長輩。」

一個簡單的讚美，吳家德就讓老人的話匣子輕易打開。

老人已經八十六歲了，一輩子沒有結婚，兄弟姊妹也早早過世了，僅有的一些親戚住在遠方，朋友不多也鮮少來往，就是一個孤伶伶的老人。

吳家德問老人活到這把年紀，人生最大的感悟是什麼？

老人說：「平安快樂就是福。」

上面這個故事收錄在書中的〈人生的偶陣雨，只是陪襯〉。

以前的我，覺得這種故事實在太沒哏了，老人至少也要出個意外牌（什麼?!原來我和老人是親戚），或者撂個金句來結尾，「自己才是禮物，家人親戚朋友，全都是過度包裝」。

以前的我，想撞見的是被雷打中的智慧，像第一則故事。現在，我想當個送禮的人，像第二則故事。

以前的我，總想從別人那裡得到些什麼，最好能撞見百年難得一遇的黃石老人。然而現在的我，開始反過來想，不管對方是誰，我肯定都能給出一點什麼吧。

至於怎麼個給法？

吳家德是這樣做的：先是正向好奇，繼而讚美聆聽，最後認真請教。

好奇開啟雙方的對話，聆聽讓人得以抒發，請教帶出對方的價值感，這一天雖然是個雨天，但在老人心中，肯定是個極少見的豔陽天。

看完吳家德的書，以及他日常裡的故事，讓我有一種莫名的衝動，我也好想送出這麼一份禮物——讚美，聆聽，請教。

這本書裡的故事不是傳奇，而是日常。正因為是日常，所以人人都有機會去實踐，成為一個更好的自己。

傳奇往往是過度包裝，日常才是我們可以送出的禮物。

推薦序

熱情，生活的動力源

◎游舒帆（商業思維學院院長）

我是個對許多事情感到好奇的人，我可以一天工作十四小時，還有時間一年看數百本書，並且四處演講，寫一大堆文章分享自己的觀點。

創立商業思維學院後，每年我得陪伴數千位學生成長與改變，投入的時間與心力遠高於從前擔任專業經理人，但我甘之如飴。

曾不只一位朋友問我：「為什麼你有辦法做到這麼多事？」

他們曾以為我是靠著時間管理才做到這些事。其實，時間管理只是次要的，最主要的原因是我對生命充滿熱情，我想要知道我還能做些什麼，也希望盡可能協助他人改變、變好、變強大。這種對生命、對生活的熱情是我一生最珍貴的資產。

如家德所說「生活是一場熱情的遊戲」。你需要找到熱情所在，並對人、對事投注你的熱情，但可能不會每件事都順順利利，畢竟遊戲中總會有各種挑戰與難題。在遭遇難題時，你可能會自我懷疑，認為自己投入熱情的方向錯了，甚至決定不再喜愛某件事或不再對人那麼好。

在此，我想與大家分享兩個我親身的經歷。

第一個經歷，我一直投入大量時間在我熱愛的事情上，每天超過十二小時的投入也甘之如飴，但這樣的我，在二〇二二年底大病了一場，被診斷出惡性腫瘤，值得慶幸的是發現的時間早，切除後追蹤也就是了。

身體出狀況畢竟是事實，我已經很難像過去那樣高強度地投入自己最熱愛的事情了。我需要改變我做事的方法，讓自己可以用更少的時間投入最具熱情的事物上，並做得比以前更好。真正熱愛的東西是不會因為困境、挫折而改變的，需要改變的往往是我們對待它的方式。

現在的我，每周固定的行程只剩下十小時，但我卻依然能發揮不比過去少的影響力，更重要的是，我比生病之前更快樂。

第二個經歷，我是一個熱心助人，也相信人性本善的人。在工作或生活中，若我行有餘力，我會願意花額外的時間或心力來幫助我的同事、朋友，乃至於陌生人。在協助一個人的時候，我會先相信對方沒有其他企圖，不會對我不利。

在工作中，有人問我為何要花時間幫同事解決他工作中的問題，我會說幫忙解決問題，他工作起來更快樂，我們之間的溝通也會更有效。在生活中，有人問我為何要花大把時間寫文章，花時間回答很多人關於職涯與生活的問題，我的答案也是一樣的，如果每個人都能有方向，都能快樂地生活，那社會肯定會很美好。這就是我的熱情所在。

但這樣的我，在將近二十年的職涯中難道沒有因此吃過苦頭嗎？

當然有，我曾因為相信一些人，對對方推心置腹，但對方卻拿我與他分享的資訊反過來誣陷我，即便事後證明了我的清白，但事情已經發生，傷害也已造成，有人建議我以後對人都要多一分防備，拿捏好分際。但我總是想著，我身邊百分之九十九的人都很棒，我真的需要為了這百分之一的人而把所有人歸為一類，從此不再相信人嗎？

當然不是的，我熱愛的不會改變，我的信仰也不會改變，唯一需要改變的是我的作法，我要找到方法，讓自己能識別出哪些人是值得掏心掏肺信任的，哪些人則是需要有所保留的。

熱情就像生活的動力源，本身沒有對與錯，但我們必須經常調整作法，讓熱情可以伴隨著生活變化而產生改變。

在閱讀家德的著作時，我覺得自己很幸運，總是能與有熱情的人為伍，感受他的熱情，也反思自己的熱情，這本《生活是一場熱情的遊戲》非常值得大家閱讀，相信你我都能從這本書中獲得滿滿能量。

推薦序

《生活是一場熱情的遊戲》是台版的《人生是一個人的狂熱》

◎楊斯棓（醫師．年度暢銷書《人生路引》作者）

電影《阿甘正傳》有一句經典台詞：「人生就像一盒巧克力。你永遠也不會知道你將拿到什麼。（Life was like a box of chocolates. You never know what you're gonna get.）」

沒錯，這盒巧克力，是個盲盒，沒拿到巧克力之前，我們甚至不知道它在手上融得有多快。

也有人說：「人生如戲。」

反面解讀的話，意思是有些人「很會裝」。道貌岸然的長官，竟然和不肖廠商勾結，連小學生的營養午餐費，也要染指。「講得都人情義理，做得都傷天害理。」

人一生的命運跌宕，往往比電影中高潮迭起的劇情更讓人屏息。無力管理金錢，欲振乏力「進無步」；縱情聲色犬馬，則深陷迷途「揣無路」，往往還沒來得及反省，已經倉皇跑路，還沒受法律制裁，倒先人間登出。

二〇二三年四月八號，《大局》一書作者黃文局先生邀我演講「要有一個人」，滿場聽眾，會後QA時，有一位三十幾歲的朋友舉手問我：「如何常保熱情？」

該場演講，我一人挑大梁，講足兩小時已精疲力盡，QA時我自認答得不夠好，時光若倒轉，我會告訴對方：「請你買一本知名作家吳家德總經理的《生活是一場熱情的遊戲》，並且在最短時間內聽吳兄演講，若然，一定會理解何謂熱情，並常保熱情。」

四月九日，知名作家愛瑞克邀請十餘位講者同台公益演講，吳家德第一棒，鄰座的我第二棒。

我提早一小時抵達現場，撞見家德兄，告知我會cue他，活動正式開場前，我們閒聊幾句。

我問他：「家德兄，假設怡嘉出書，建嘉是她朋友，為了相挺，未看就先買一本很正常，你生命中聽過的『建嘉』，最華麗的出手是一次買幾本？」

吳：「買同一本書嗎？」

我：「對！」

搜尋了腦中的資料庫後，吳兄說：「四百本！」

我說，去年我所得知的紀錄是一千本。南投有一位生技公司董事長，景仰已仙逝的國會議員盧修一，所以當《盧修一的國會身影》一問世，他買了一千本，送給員工，並舉辦徵文比賽，還辦了頒獎典禮，頒贈金牌給優選者。

見多識廣的家德兄，聞此奇談，亦瞪大眼睛。

紀錄不是用來仰望的，是用來打破的。

我今年得知一個兩千本之例。奇美實業創辦人許文龍讀了李筱峰教授的《島嶼新胎記》，深受感動，買了兩千本，送給集團員工。

作品讓知音一出手就願意以千本為單位相挺，這個可能離庶民經驗很遙遠。

我另舉一例。

某位曾和吳兄合作過的編輯，有天跟我開會，會後輕鬆聊，那位編輯說：「出版社都很喜歡吳家德，他朋友很多，光每個朋友都買一本，兩刷的書已經賣完。」

這句話給我很大的啟示。

有些人或許納悶說：「我哪來那麼多（時間交）朋友？」

吳兄闡述交友的文字平實，但善良中文略帶鋒芒，一篇篇故事堆疊，堪稱一門「交友學」。

他鼓勵我們：要跟「往事khǹg一邊」、樂於追求新知的朋友多所往來，也提醒我們：「滿口我兒俊孝，女兒春嬌，『往事愛提起，見講講過去』」的朋友，其實很消耗你的心神。

有些人嚷嚷：「我不喜歡也沒時間社交。」但吳兄一天也是二十四小時，還不管時「喙笑目笑（tshuì-tshiò-bak-tshiò）」，我們學習他的思維跟行為，也能讓自己不透支的前提下，更添幾分「人味」。

吳兄被專業編輯下的註腳：「光每個朋友都買一本的話，兩刷的書已經賣完了」，我試著舉出另一種可能性：「如果有十個朋友，一個人買一百本，這樣一千本就賣完了。」

有一次我把這句話留言給一位熟朋友，有個陌生人狀甚唐突的留言：「那不就是靠人脈」，我沒回應他。

我揣摩，他可能把那句話理解成「動員」，好像有個千人演講場，沒有自動自發的人來聽，是靠十個大樁腳各發一百個便當動員來撐場。

我講的情境，恰恰是「不能動員」，不能驚動朋友，不能打電話要求「責任額」，這個叫「不樂之捐」，凡人最痛恨不樂之捐。

我講的是平常做事有口碑，做人要成功。成功的程度到朋友一聞你出書，彷佛得以參與你的大喜，不用你講，他就主動買一本、十本，甚至百本、千本。

你過往對人好，在你需要幫忙的時候，會逐一湧現，一盞盞光先打在你身上，你才有機會被更多還不認識你的人看見，否則「鬼知影汝是誰？」

出書如此，開診所、開店做生意，甚至說只要你不隱居，只要你還在江湖上走跳，這些道理都適用。

有句諺語說：「老歌搏感情，新歌綴流行。」

怎麼維繫老朋友的友誼，怎麼敞開心胸交新朋友，家德兄都用一個又一個真實故事，分享自己的路徑，建立你我的信心。

最後，分享一個故事。

有個名人，有一次邀我在戶外演講，他講前半場，我講後半場。

當他演講到了尾聲，斜風細雨漸起。

他最後一句台詞是：「雨漸漸大了，下半場要不要講，交由下一位講者決定，我要離開了。」

他一起身，三分之二的人，跟著離開。

我只有不到二十秒可以決定要採取哪一個行動。

我若宣布：「雨勢漸大，一起回家」，是一個較容易的選擇，重擔就此卸下。

美國詩人佛洛斯特（Robert Frost）有一首詩叫〈未竟之路〉（The Road Not Taken），節錄該詩如下：「黃樹林裡分叉兩條路，而我，我選擇了較少人跡的一條，使得一切多麼地不同！」

等到那位名人的身影消失在我眼前之際，我開始抖擻精神演講，此刻，有三分之一的人留下來，他們紛紛披上簡便的淡黃色透明雨衣，引頸企盼。

一開場我就引用康寧祥先生的名句：「今仔暗時的風，是為咱吹；今仔暗時的雨，是為咱落。」我精神抖擻的用一如以往的狀態演講。過程中，照樣有獎徵答，遞禮物給聽眾，看似沐雨梳風，心底萬里晴空。

我在想，如果那位名人是吳家德，他會怎麼做？

第一、他絕對不可能貿然離開。

第二、他是主要發起人，他應該會迅速找我討論，尊重我的意願後，一起對外宣布，而不是把難題丟給我，兀自離去。

第三、如果我留下來，他也不可能翹腳坐台下，他一定會走上台，幫我撐傘，撐到講完。縱使天公不作美，吳公也絕對不讓人「無功而返」。

我曾是個滿腔熱血，有稜有角，堅持正義的熱血青年。過去主持晚會時，我曾因對方傲慢，縱使對方頭銜響亮，我悍然拒絕其無理要求，怒斥對方荒唐。生命中出現了吳家德這位亦兄亦友的難得角色，我學習他的智慧，保有熱血，並學習如何趨吉避凶，給無緣者台階下，同時也迅速斷捨離，保有元氣，用來和志同道合者協作，在漫漫人生登出前，以豐沛的熱情，勇於挑戰每一個關卡。

人生這場遊戲，似難非難，只要常抱熱情，就一定會贏！

推薦序

熱情是圓滿人生的最佳催化劑

◎愛瑞克（《內在原力》系列作者・TMBA共同創辦人）

拜讀此書，讓我有許多的共鳴。雖然我和家德兄身處不同的領域、做不同的事情、有不同的使命，但是在待人接物方面，確實仍有不少高度雷同之處，並不是外在表象的部分，而都是屬於內在看不見的部分：思維及心態。

也因為思維和心態並非外顯，所以，不容易具體描述。此書以好幾個真實的故事，來帶出這些好的思維與心態，如此才不會流於說教。朋友跟我說：「現代人很好騙但很難教。」只要說出一個好故事，每個人都可以受到故事的影響、去做出一些行動；此書真心不騙，直接用發生在他生活中的事蹟，寫成一段又一段的紀錄，想要傳達的好思維好心態，也就默默隨著這些故事被寫入到了讀者的潛意識中了。

這邊我想特別著墨的幾種思維和心態，首先是「利他」。書中引述了商業思維學院創辦人游舒帆如此形容家德兄：「我深刻的感受到他在人際關係上是非常強調利他的人，他不會想著從你身上得什麼，而是總想著能給你些什麼。」這也是我從許多成功人士所觀察到的特徵：能夠設身處地的為他人著想，從他人所處的困境或挑戰中去思考自己可以貢獻的價值。因此，這樣的人非常具有價值——他們的高身價並非來自於為自己喊價、提高價碼，而是因為他們的生命讓更多人受惠了、鼓舞了、提升了。

其次，是對生活中一切人事物保持好奇與覺察。現在人很忙碌，忙到總是忘了身邊的許多人事物，忙到自己為什麼目的而活，可能也忘了。家德兄總是能夠在生活中細心的觀察周遭每個人的狀況、思考並且覺察他人的心境甚至困境。或許不認識家德兄的人，光從他的工作、著作、演講中總是活力滿格、魅力四射，很難理解他骨子裡是內向者，但我從他本能地會去細心觀察他人，並且產生許多猜想、甚至內心戲，可以判斷這確實是內向者基本特質。我們常誤以為，外向者善於溝通、行動力十足，可以幫助更多的人；但我認為沒有絕對關係，我是內向高敏人，同樣可以幫助許多人。

還有，勇於嘗試。書中提到因為有監獄志工阿姨說要買書捐贈給受刑人，家德兄「和大姐聊了五分鐘之後，我告訴她，如果機緣成熟，能力也被認可，我想要到監獄對受刑人分享一堂課，希望用我的熱情好故事，讓大家共鳴共感。」這是很勇敢的嘗試。成功人士都有「積極主動」的習慣，能夠從他人的處境中，主動思考自己可以做些什麼，進而在幫助他人的過程中，不僅提高了自己生命的價值，更為生活增添了不少了新的體驗和繽紛色彩。

我想，每一個靈魂來到這個人世間，都不是為了「生活平順」而生的。每個人都有屬於自己的人生使命，以及想要追尋的意義，至於能否實現這個使命、得著人生的意義，「熱情」是最好的催化劑。前面三段，我提到「利他」、「對一切人事物保持好奇與覺察」、「勇於嘗試」，都在「熱情」的助燃之下，可以發揮出最大的效益、幫助到更多的人，進而幫助到自己。

當然，或許有些人曾經有過熱忱去幫助了別人，但卻沒有得到任何好的回應，難免會有些失落，甚至懷疑「利他」是損己的行為。然而，我在拙作《內在原力》書中寫道：「待人要更好，因為那是渡自己的正道。」「在迎來送往之間，幫忙渡了許多人，然而，最終回顧時才發現，是渡了自己。」

上天安排讓我們有機會幫助別人，那是上天的恩賜，因為最後我們抵達了天堂門口，不會問我們賺了多少錢，而是問我們這一生幫助過多少人？我們所付出的，終究都會以不同形式回流到自己身上，儘管不在我們預料中的時間和形式，但最後都會用到。我想，「熱情」加速了我們取得進入天堂的門票，而家德兄此書用許多每個人平凡生活中都可能會遇到的真實案例，講解了如何善用熱情來驅動世界、提升自己，如何透過利他共贏來抵達人生的圓滿之境。因有共鳴，特作此序，誠摯獻給遇見此書的您。

願熱情與你我同在！

推薦序

與吳家德一起走回生命的上游

◎蔡淇華（作家．教師）

覺得自己和家德非常類似，似乎世上有一種魔法粉，不斷灑在身上，使我們不斷地實現自己理想，和幫助別人實現他們的夢想。

但我們分屬不同的職場，自己也說不上來，這魔法所從何來？直到看完這本書，才明白其來有自。

例如今日，就是充滿魔法的一天。

記得在疫期，曾和妻說一個很渺遠的夢——等解封後，一起去巴黎的香榭大道，一起在塞納河左岸喝杯咖啡。想不到解封後，就收到至法國南特締結姊妹校的任務，然後這個夢想，在今天早上實現了。

其實，我是一個不敢有夢的人。因為身體不好，一出社會就要先協助償還家裡的負債，大學念到留級，學歷不夠好，進入職場前二年，只能領低薪，每月存款不到一千。然而我和家德一樣，在二十六歲那年，有個契機，啟動了一生的夢想。

家德二十六歲那年，母親過世，決心到安寧病房擔任志工，開始了他與人為善的生涯。自己也在那一年，在補習班全省跑班、與學校之間，必須做個選擇，最後決定做一份人師的工作。

然後三十年過去了，一想到學生與時代的需要，就一頭栽進去。也因此創辦了中台灣聯合文學獎、中台灣模擬聯合國、聖食計畫……等活動或社團。

他人總是會對我和家德這樣的人，充滿好奇。為什麼我們要做那麼多「分外」的工作？例如一位學生想要創立攝影公司時，我邀家德充當模特兒，幫學生行銷，家德二話不說，馬上在百忙之中撥冗完成所託。總是如此充滿「熱情的能量」，快樂地完成一件又一件神奇的工作。是的，原來祕訣就是「熱情的能量」。

二十六歲那一年家德嘗到生命的無常，自己的雙胞胎哥哥也罹癌病危，因此我們決定每一天當最後一天過，決定讓每天充滿熱情與能量。

家德在書中提到，生命是一條長江大河，時間管理是中游，事件管理是下游，「能量管理」才是上游！而能量的來源是「熱情」與「慈悲」。

原來就是因為擁有熱情與慈悲，可以能量源源不絕去利他、寫下故事，最後故事有了價值，重複的價值成為品牌，品牌奠下成功的根基。

自覺不比他人優秀，文字也是普普，但為了幫助學生有更好的寫作能力，一頭熱栽進寫作教育二十年，幫助學生拿到六百多座的文學獎，出了十幾本書，文章成為高中與國小課本的課文，版稅也成為自己日後退休無虞的基金。

原來可以為平凡一生點石成金的魔法，就是熱情的能量。

家德在書中提到：No magic, only basic。原來生命就是要回到熱情的基本，才能走到能量的上游，玩一場熱情有趣的遊戲。

這不是一本倚老賣老的說教書，裡面有的，只是一則又一則，你我都做得到的熱情小故事。邀請大家打開《生活是一場熱情的遊戲》，找回自己熱情的能量，玩場一生無悔的遊戲！

推薦序

你好，我是吳家德

◎謝文憲（企業講師．職場作家）

您有沒有一種朋友，大家覺得他瘋了，而他自己卻樂此不疲？

您有沒有一種朋友，微笑總是掛在臉上，人生好似沒有煩惱？

您有沒有一種朋友，為了慈善公益，總是會不經意忘了他的本業是做什麼的？

是的，我說的就是：吳家德。

周日的晚間打開臉書，家德竟然為了偏鄉車輛的需求，募款了好幾十萬，而且是透過號召臉書好友的微小行動支持而達標的。

疫情期間，他為了貝比魯斯少棒聯盟的台灣代表隊，是否能夠前往美國比賽，把募款的責任一肩扛，最後促成美事，我也因為參與其中，知道家德的付出。他來回彰化、台南、台北四處奔走，卻只是為了一群小朋友時，沒有人不會為他的義舉而感動。

他總是可以串聯起人脈，為他公司的同仁創造學習綜效，一個在彰化埔心鄉下的總公司，可以邀請許多高知名度的作者為他的同仁演講，家德的人脈與人緣，說明了一切。

近期跟他同台演講兩次，無論十二分鐘或是五分鐘，他不曾誇飾自己，總是說著別人的好，隱藏自己的累。

他總是見人就發放他的濾掛式咖啡包，上頭寫著「您好，我是吳家德」，持續串聯人脈，與人為善，有次我在高鐵上，他一次拿了十包給我，要我送給稍後要見的朋友。

有時我真覺得：他瘋了。

其實可能是你不懂他的好。

這是我第五次幫家德寫推薦序，我分享他的文字與故事，同時也記錄著我自己的生命。

好書無需多言，善良無須推舉，熱情如火者，讓四處獲得溫暖，我很榮幸身在其中，推薦吳家德的新書：《生活是一場熱情的遊戲》。

自序

熱情驅動世界

我喜歡「平平凡凡」的過日子。這是我活到半百的人生觀。問自己，人生到底要什麼？我一定不假思索的回答，快樂就好、平安就好。擁有「快樂」與「平安」這兩把人生鑰匙，就是我的「幸福」心法。

人生在世，一開始總是向外求，求學歷，求財富，求功名。隨著年紀增加，智慧增長，發現許多東西不是想求就一定求的到的，要有天時，要有地利，要有人和，才能聚足得到。「盡人事，聽天命」、「得知我幸，不得我命」，便是我經過歲月洗鍊之後的體悟。

讓你看看，我曾經在我的臉書寫下對生活與生命的感觸：

經歷複雜，才知單純的美好。
走過低潮，才知平凡的幸福。
獲得重生，才知人生的價值。
懂得感恩，才知生命的快樂。

用熱情驅動世界。
用善良行走江湖。
用利他溫暖社會。

人生的美好，不是多有名氣，而是懂得謙卑腳踏實地。
人生的快樂，不是多有財富，而是懂得知足還能助人。

人生的幸福，不是多有能力，而是懂得感恩心存慈悲。

如果，心中有愛，
生活就會更幸福；
如果，慈悲待人，
日子就會更歡喜；
如果，人脈利他，
生命會無限美好；
如果，樂善好施，
心胸將寬如大海；
如果，此生有願，
祝福眾生皆平安。

這幾段文字，都是發自我的內心想望，也是肺腑之言。或許，我不是每一樣都能做到盡善盡美。但，我寫出來了，就把這些想法當成期盼，希望自己努力做到。

這個世界，紛擾很多；這個年代，苦難不少。但，我們別無選擇，還是只能往前走下去。往未知的境地走？要靠什麼力量支撐呢？我的法寶就是「熱情」。你會問我，「熱情」有那麼神嗎？我會告訴你，是的。熱情的組成可以從身心靈解釋。真正的熱情，有三種要素。

一個是微笑，代表著身體的形象。

一個是樂觀，代表著心理的態度。

一個是積極，代表著靈性的素養。

「熱情驅動世界」是我的座右銘。「生活是一場熱情的遊戲」是我看待生命的核心理念。這本書的三十篇文章，書寫我對熱情的熱愛與心情。我希望書中的故事，能讓讀者產生力量，撥雲見日；書中的觀念，能讓讀者感同身受，互利共好。這是我寫這本書的目的，也是對有緣眾生的祝福。

謝謝我的好多作家朋友，願意幫我寫出珍貴的推薦序，有您們的加持與祝福，讓我備感光榮。也感謝有鹿文化社長悔之兄，與編輯于婷的陪伴與支持，讓我熱情無比，一路暢寫。最後，我要對買這本書的讀者獻上最誠摯的感恩，祝福大家都能從書中得到滿滿的熱情，和我一起圓滿幸福。

輯一

成為一位熱情者

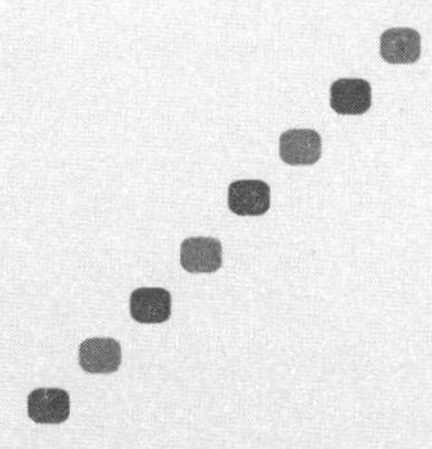

熱情沒有奇蹟，只有累積

是什麼原因讓她們成為那樣的人?!

我說：「可能她們都對生活失去熱情了吧！」

和我在電話那頭分享人生種種的，是一位新朋友。一位尚未見過面，但早已有熟悉感的臉友。這些年，我的很多朋友，都來自臉書的加好友。通常，只要感覺對了，我都會問：「我們可以聊個兩分鐘嗎？」如果對方時間允許，狀態沒問題，很快的就能通上電話。

「兩分鐘」是一個心理關卡。因為不長，對方比較能接受。如果一開始就說，我們來「長聊」吧，陌生朋友可能拒絕居多。這是我多年經驗，屢試不爽。只要前幾分鐘聊得開，一直聊下去的可能性是很大的。比如，我和這位新朋友，第一次聊天就是四十分鐘。比原先的兩分鐘足足多了二十倍。

這位臉友叫小智。認識她的起因，是我們共同的朋友叫小育。有一回小育和小智聚餐，不知聊到什麼，小智說她想要認識「熱情」的朋友，讓自己的生命充滿正能量。小育馬上說，去認識吳家德吧。就這樣，我和小智從臉書上，建立第一階段的友誼。

臉書加了十多天後，彼此的動態稍稍了解。我覺得小智是一位才華洋溢，也是熱愛閱讀寫作的生活美學家。就在某次的假日早晨，恰巧她來我臉書按我某一篇文章的讚。當下，我直覺可以找她聊聊，就傳訊問她可否講個電話。於是乎，展開了一段故事交換的旅程。

電話中，小智和我說了一個故事，是我想要分享的：

小智學歷不凡，三十年前，曾在知名的外商公司上班，也因工作之便，認識公司的三位女同事。雖然物換星移，她們四位女生還是會定期出來聚聚，維繫好感情。但是愈到後面這幾年，小智愈來愈不愛跟她們聚餐。我問為什麼？

「因為每次聚會，她們很愛聊二三十年前的往事。我感覺不是很喜歡，總覺得還有現在和未來可以探索冒險啊！」小智無奈的告訴我。

我接著問小智，她們三位（姑且用A、B、C稱呼）目前的狀況是如何呢？

「A過得不太好，家庭不幸福，目前靠打零工維生。也沒什麼朋友，而且執念很深，別人跟她說什麼，她都聽不進去，還要別人都聽她的，我有點受不了。」小智這樣形容A。

「B還在原公司，很資深，在公司已經會倚老賣老。也因為她不太愛變動，又沒有太多社交圈，讓她的生活視野狹隘，能談的話題很少。」小智如是說。

「C後來嫁給一位醫師，離職當一位醫師娘。生了三個孩子，這二十幾年，幾乎以小孩為重心，與外界的連結很少，她的好友就我們這幾個老同事，可以說，她沒朋友了，哈哈哈。」小智笑笑的說。

「家德，是什麼原因讓她們成為那樣的人?!」小智問我。

「可能她們都對生活失去熱情了吧！」我簡短地回應小智。小智馬上在電話那端回我說，對對對，她也這麼覺得。

我分享我聽完小智陳述之後的感受：

A因為個性固執，婚姻觸礁，再加上沒有可靠的經濟收入，讓她對生活產生恐懼感。別跟她講未來，她可能連現在都快要過不去了。熱情或許早已失蹤。

B生活安逸，待在舒適圈已久，沒有外在的環境刺激或內在的原力改變，當然就是得過且過啊。熱情對她而言，真的是可有可無啊。

C有個富老公，生活皆以家庭為重心，又少了與外界接觸的渴望。漸漸的，失去活出自己樣子的能力，熱情指數一定會降低。

我告訴小智，現代人有三種恐懼是很強烈的。如果這三種恐懼如影隨形，熱情便很難激發與長存。

第一種「**對金錢不足的恐懼**」：錢不是萬能，沒有錢萬萬不能。沒有錢，就沒有安全感；沒有安全感，做什麼就都不太敢；凡事不太敢的人，當然更害怕失敗。因為他們會覺得籌碼有限，資源不足，如果沒有勝算，會選擇不去做。他們以為寧可不去做，就沒有損失。其實，他們最大的損失的是熱情與信心。

第二種「**對變化太快的恐懼**」：變，是世界上唯一不變的事。覺察這個世界每天都在變，只要敞開心胸，正面看待，其實變化都是有跡可循的。縱使無常傷人，也要試著學會轉念，因為那都是生命中的課題，無可迴避。我常講，只要有呼吸，就會有奇蹟。藉此讓自己活在熱情的氛圍中。

第三種「**對社交障礙的恐懼**」：人前手牽手，人後下毒手。現代人因為新聞媒體看多了，很害怕被騙、被害、被怎樣。想當然爾，對於陌生人、陌生事，總是先防備。這真的無可厚非。但因為過度擔憂害怕，也造成「被害妄想症」愈來愈嚴重，或許也就把身邊的幸福給錯過了。

以上三種，分別是對人，對事，對錢的恐懼。而我發現，小智的老同事可能就是三種恐懼類別的代表。

聽完小智的分享。我也對小智說我之所以會熱情的關鍵原因。

二十六歲的我，曾經在安寧病房擔任一年的志工。的的確確看到生命的不可控。也因此，我告訴自己，盡可能每天都活得很精采很踏實，因為無常先到，還是明日先到，我們都不知道。

擔任志工，只是點燃熱情的起點，後續的生活變化都是考驗。也只有不忘初衷才能以終為始，快樂地過每一天。我繼續對小智說，熱情沒有奇蹟，只有累積。一個沒有熱情的人，他不會一夜之間就變得很熱情，都是要透過磨練心志才會增加的。

小智對我所說的話感到認同。她說：「光是聽到我電話的聲音就覺得熱情無比。難怪小育要請我認識你。」我回她說：「是啊，小育只要遇到低潮時，他偶爾會打電話給我，聽聽我的聲音。這樣，他就有一種療癒的效果。」

結束電話之前，我與小智也順便約好未來要見面的日期。小智提議，何不找小育也一起出來聊聊呢？我說：當然好啊。他可是我們的媒人呢！而臉書則是我們的第二號媒人喔。」

熱情者的三大特質

接受「商業思維學院」游舒帆院長的邀請，我和他有一堂線上的對談課。題目是「熱情引爆無限可能」。顯而易見，這個題目的關鍵字是「熱情」。舒帆希望藉由我熱情的人生態度，對學院聽眾聊聊關於熱情所帶來的無限可能。

商業思維學院是由院長游舒帆創辦，目的是要讓學生或上班族了解商業世界與職場環境的專業知識與趨勢變化，藉由實體與線上的雙軌學習，成為一位更傑出也更卓越的人。學院因為用心辦學，近幾年已有上萬學員加入這個學習型的組織。我連自己的孩子在還在讀大學的某一年生日，幫他花一筆小錢讓他加入會員，當成送給兒子的生日禮物。兒子也挺開心的。

很榮幸的，因為我是學院內的導師群一員，順理成章讓我有更多的機會與厲害的人一起共學。我常常在對大學生的演講中說：「真正厲害的人，不是你在學校學了什麼？而是在畢業之後，是否能夠持續學習保有競爭力。」我也會對他們說：「在學校比成績，在公司比考績，成績好可以開心，但不能當飯吃，考績好可以開心，也能當飯吃。」意思就是，考績優異比較有機會可以加薪升官，當然不容易餓著。

我之所以能成為商業思維學院的導師，其實是自己爭取來的。給讀者看看，在那一次「熱情引爆無限可能」講座的文案，是由舒帆所寫的介紹文章。

我跟家德是在二〇一九年左右認識，第一次見面是他來台北參加我《商業思維新書的導讀會，那一次我們交流的時間不算長，但我對他的印象非常深刻。我能感受到他對人的熱情與好奇。

我是一個不太習慣跟第一次見面朋友聊非專業性內容的內向者，但跟家德聊天時我不會有那種感覺，因為他給人的感覺很真誠，而且不帶鋒芒，也不會讓你覺得很侵略或尖銳。

後來我們又在歸仁星巴克碰了一次面，這一次因為是專程約出來聊聊的，我們交流了很多的想法，我深刻的感受到他在人際關係上是非常強調利他的人，他不會想著從你身上得什麼，而是總想著能給你些什麼。

短短兩小時的交流很快就過去了，我深刻地感受到家德擁有很多我覺得很棒的東西。而當中最難能可貴的我覺得是「發自真心的利他」。

那次碰面，家德送給我他之前寫的書，我很快地看完了，然後又買了幾本送給其他朋友。

對人好，這是家德的特質，也是重要的標籤，很慶幸自己能在這個年紀認識家德，讓我重新思考人際關係這件事原來有更多的可能性。

如果你也想知道家德老師是如何思考「利他」，如何做到「利他」，以及「利他」在個人職場與生涯帶來的影響力，那就趕緊報名吧！

當你看完之後，你的感想是什麼？我想，應該都是「正向」之詞吧。舒帆是一位KOL，在資訊領域與培訓界享有盛名。他出版好幾本書，也是職場與商場的教練級人物。當年，我從他的書上，得到許多寶貴的知識與經驗。

我這個人就是這樣，當從書本或網路得知一位很厲害人物，我能做的就是去認識他，並且找機會向他學習與請益。我加舒帆臉書，也發私訊給他，告知他我是誰。並藉由他的講座去認識他。由前文可知，舒帆在台北有一場演講，而我卻願意從台南搭高鐵到台北與他相見歡，這個舉動當然會讓他印象深刻。

我再把他寫的文章裡面的關鍵句子提出來分享。這也是我想要分享「熱情」之於我的幾個重要人生思維。

第一段：

「那一次我們交流的時間不算長，但我對他的印象非常深刻。我能感受到他對人的熱情與好奇。」

是啊！「第一印象」太重要了。我們大概都是這種人。就是與陌生人談話的前幾分鐘，決定你願不願意繼續聊下去。如果你是一位熱情者，是很容易讓人感到舒服並卸下心防一起聊天的。而熱情者，在第一印象中，會有三個關鍵特質讓人喜愛。

第一，面帶微笑：微笑是世界共通的語言，只要用放輕鬆的心情開展笑顏，就能讓對方在比較沒有壓力的狀態下持續聊天。

第二，說話得體：講話的口條有條不紊，說話的速度不疾不徐，談吐的內容真材實料，只要具備這三種條件，就是說話得體。

第三，樂於傾聽：初次見面，聽比說更重要。專心聆聽，不要搶話，適時回應，都是讓人感到舒服的溝通方式。

第二段：

「他給人的感覺很真誠，而且不帶鋒芒，也不會讓你覺得很侵略或尖銳。」

這當然是對我的肯定，有些過獎了。我想要解釋的是，如何讓對方感受真誠，不帶鋒芒有刺呢？這需要練習與反省，才能做得愈來愈好。一樣的，我提出三個關鍵心法，給讀者參考。

首先，熱情者的第一印象三特質一定要有。也就是練習微笑、說話與傾聽。其實這個條件就占了大半的印象分數。

再來，與對方聊天的每一句話都是真實的。意思就是，不能有些許的謊言與誇大的言論，讓對方感受不佳，進而影響好感度。

最後，用感恩與讚美的口吻結束談話。讓對方明白能夠有緣認識，是一件多麼棒的事，彼此共好，也期待未來有機會進一步相聚。

也因為有了在台北的彼此好印象，我與舒帆才能又在台南歸仁的星巴克見面啊。

第三段：

「我深刻的感受到他在人際關係上是非常強調利他的人，他不會想著從你身上得什麼，而是總想著能給你些什麼。」

「利他」是我人生追求的永恆目標。我很喜歡舒帆分享的這段話。我常說：「人脈的終極目的是利他。」一位熱情者，終將把他身上的光與熱散播出去，否則自己會燙傷啊！而練習「利他」，我也有三個小撇步。

第一步：利他從小事做起。我覺得利他是「意願」命題，不是「能力」問題。不管自己專業夠不夠，不論自己有沒有錢，只要你願意，就能利他。

第二步：寫感恩日記。每天睡覺前，花幾分鐘的時間寫下今天最值得你開心的事或心情。當你體會這世界有很多人都願意幫你忙時，你也會興起，有為者亦若是的心態。

第三步：結交心中有愛的好朋友。我們不用去認識郭台銘或比爾蓋茲這種大善人。其實我們身邊也都會有充滿仁慈與善良的長輩或好友。這種朋友愈多，利他的心胸也就能慢慢擴大。

總結上面三段的關鍵字。熱情者給人的第一印象很舒服；熱情者表現出真誠不帶侵略的氣息；熱情者在人際關係上流露利他的思維。

在演講尚未開講之際，我用舒帆的文字，寫下關於熱情的三大特質。下一篇，我會分享持續擁有熱情的心法與做法。

熱情，從哪裡來？

為了這次的深度對談，舒帆寄了一份訪談綱要給我。我把題目看完之後，大略明白舒帆想要我分享的幾個重點。我將之分成以下四個類型。

熱情從何而來？是天生具備，還是後天訓練？

針對天生內向的人，如何練習成為熱情的人？

面對新朋友的人際相處，如何建立好的關係？

我的時間管理如何運作？如何維持精力滿滿？

且讓我用文字與故事來說明這堂「熱情」之課吧。

第一題：熱情從何而來？是天生具備，還是後天訓練？

以我為例，我很肯定我的熱情是後天訓練而來的。我曾在我的臉書寫下這段話。我說：「熱情，是自發的，不是外給的；熱情，不是天生的，是可以練習的；熱情，是一種生命態度，更是讓自己成為一位更好的人的養分。心若慈悲，快樂成堆；心若向陽，人生飛揚。幸福不難，不貪婪，愛自然，熱情自燃。」

我覺得，熱情有一種魔力，會讓自己成為受歡迎的人。熱情包含待人親切，做事認真，對生活充滿喜樂之心。擁有熱情，好比拿到一張快速通行證，到哪裡都能暢行無阻。

我曾在《你好！我是吳家德》自己的Podcast說過一個故事。

有一次我住飯店，隔天吃附設的早餐。打從一進餐廳，一位女服務生就用熱情的態度接待我。不僅讓我選擇想要的座位，又熱心介紹餐點的分類。說實話，她的服務有點讓我驚豔，我心想，一般商務旅館這麼殷勤服務的真的少見。

趁空檔，我就問她，為何會有如此好的服務。她說了一個耐人尋味，也很正確的觀念。我將她說的內容，用我理解的話語說給大家聽。

這位服務生說，幾年前，她也曾經因為服務不周被客人當場客訴。當她被客人飆罵時，正是餐廳人潮最多的時候，整個飯店的服務生都忙得不可開交，只有她站在客人的面前不斷的賠不是。（雖然她想要離開趕緊去幫忙，但又怕客人二度生氣，只能眼睜睜的看大家在忙，自己卻無能為力。）

她自己意會到「服務」最重要的觀念：「一次到位，兩相滿意。」也就是一開始就把服務做到最好，避免後面的風險發生，還要用更大的力氣與資源去彌補這個錯誤。她補充說，她抱持這個想法做服務之後，不僅沒有客訴，又能得到客人稱讚，讓她工作開心，熱情有勁。

聽完這位女服務生的故事後，我寫下「因為雞婆，熱情總是蓬勃；因為助人，幸運總來敲門。」這段話當成故事的註解。所以說，熱情是可以藉由後天的練習變得更好的。

第二題：針對天生內向的人，如何練習成為熱情的人？

在演講的場合，常會有聽眾問我：「老師，你是如何讓內向的個性轉變成外向的？」會問這個問題，通常是我在演講時，告知大家，我以前真的是一位非常內向的人。

我的回答有兩個原因。就是「當業務」與「做志工」。

因為當了業務，就要「開口講話」；因為當了業務，就要「不怕拒絕」；因為當了業務，就要「以客為尊」。開口講話，訓練我的口條，增強表達技巧；不怕拒絕，讓我愈挫愈勇，姿態神色自若；以客為尊，學會感動服務，打造熱情品牌。這些都是讓自己更具外向的因子。

到醫院做志工，關鍵在於更能深入了解生命的意義與價值。當你知道生命有一大部分是要拿來「利他」的時候，就會知覺讓自己性格外向些，有助於達成此目的。

或許有人會接著問：「老師，當業務與做志工，是屬於你的生命歷程，我的工作既不是業務，也無暇當志工，又該如何變得外向呢？抑或我的個性就是極端內向，又該做哪些事情來改變自己呢？」

好問題。如何讓自己變得更外向，我有以下三點建議。

如何讓自己變得更外向，第一個建議是：「**鼓起勇氣，多去認識比你更外向的朋友**」。只要常常與外向的朋友在一起，對於改善內向，一定會有幫助的。因為物以類聚，雖不中亦不遠啊。

成為外向的人的第二個建議是：「**有機會就去幫助別人**」。發心幫助別人，就有機會與人產生更多的接觸與互動，不論是口語表達或人際溝通，都會有明顯的進步。

第三個讓自己變得更外向的建議是：「**多參加工作以外的演講或課程**」。在參加活動的場合當中，有機會認識更多的同好，進而變成好朋友。當身邊圍繞著一群喜歡學習成長的朋友時，要轉變成外向的特質就非常的容易。

「**不怕慢，只怕站**」。要成為一位外向的人真的不難。以上三點可供大家借鏡之。

第三題：面對新朋友的人際相處，如何建立好的關係？

和老朋友相處，我想大家都有一套，也自成一派。但如何與新朋友建立關係，並成為人脈與人緣，我提出以下三個重點，分別是：

熱情的心，願喜樂相待：顯而易見，我覺得交新朋友最重要的還是熱情。敞開心胸，用歡喜愉悅的態度往來，是友誼加溫的第一步。

真誠的情，願傾聽以對：隨著交流日頻與交往日增，真誠就是考驗友誼的穩固器。接著，用傾聽與善解走入朋友的內心世界，是友誼加溫的第二步。

無私態度，願長久往來：新朋友之所以能變成老朋友，除了上面的兩點外，最重要的是，你是否抱持著無私的態度交往，如果人脈單純自利，很容易鳥獸散。如果可以無私的利他，對等平行的往來，絕對是友誼恆固的關鍵。

第四題：我的時間管理如何運作？如何維持精力滿滿？

很多朋友見到我的第一句話，總是會對我說：「家德，你工作已經很忙了，還要抽時間寫書、錄Podcast、演講、跑步運動、舉辦公益活動等，哪來的時間啊？」的確，「時間管理」的議題，絕對是職場工作者必須要面對的一環。很多人被時間搞得焦頭爛耳，痛苦不堪。所以，常常在演講場合，時間管理就變成必問的題目。

坊間，已經有許多書籍教導時間管理，我就不老調重彈。我想要用我獨特的思維，分享我對時間管理的看法。我曾在我的夢想之書《從卡關中翻身》分享時間管理這個主題，我說：

> 生命若是一條長河，我將時間管理拆成三等分。
> 時間管理只是中游，行動與效率決定時間安排。
> 能量管理才是上游，熱情與慈悲掌控時間品質。
> 事件管理就是下游，經驗與分享創造時間價值。

所以說，每次只要有人問我時間管理的問題，我一定會告訴他，先把能量補充滿滿再說。否則都只會淪於疲於奔命而已。什麼是「能量管理」呢？如同我的解釋所言，擁有熱情與慈悲兩個DNA，就是能量的來源。

十年前，我在臉書寫下這段話：

擁有熱情，就能產生魅力，
擁有魅力，就能散發能量，
擁有能量，就能製造熱情，
善的循環，就能改變命運。

時至今日，我依然認同這段話帶給我的人生觀。「**背影微駝，不怪歲月太重；認真生活，才知生命太短。**」時間對每個人都是公平的，唯有用心過活，才不辜負此生啊。

這是我針對「熱情引爆無限可能」四個大問題的深度回答，希望你受用。

問問自己想成為怎樣的人？

生命是一條長河，帶我們走過春夏秋冬，走過白天黑夜，走過喜怒哀樂，也走過生老病死。沒有人可以抗拒，也沒有人倖免於外。

既然一死，那就好好活吧。我想，很多人應該都是這麼想的。如何「好好活」呢？怎樣的人生才是「好好活」？或許沒有標準答案。我覺得，找答案之前，可以先從你想要成為怎樣的人開始。之後，再用這個標籤好好活下去。

你想要成為熱情的人，你的生活核心就環繞在熱情世界。

你想要成為善良的人，善良的人事物，就會不斷的出現。

你像要成為快樂的人，你就會知覺快樂是一種內在感受。

你想要成為有錢的人，賺錢致富的方法就成為你的首要。

總之，你的渴望與想要，藉由行動與努力，會讓你在生活中出現「契機」與「貴人」。這是「心之所向」的結果。意思就如前述，你想要成為怎樣的人，在你的生活圈，宇宙的空氣，就會開始飄著這種味道，讓你去尋找。

某日的早上六點起床，打開手機，看見一位小資女半夜傳一則私訊給我。

「家德老師，可以問您對於『成功』的定義嗎？最近很迷惘，我只知道我不想一輩子原地踏步，想學習成長，不是只想安逸過日子，想幫助別人。但我朋友問，那你想變成『什麼人』？怎樣叫『成功』？我也回答不出來。」

我猜，這位小資女應該在夜深人靜時，開始反芻自己的人生，因為找不到答案，所以發這則訊息給我。看到這個提問，「熱情魂」驅動我，馬上回答她的問題。

我之所以會對這個問題想要快速回答，也是基於年輕的我，曾經對於生命價值的追尋與定義感到困惑。我記得有一年，我在大學修了一門通識課。課程名稱是「哲學概論」。每每下課，我總愛追問老師關於人生的意義與目的。這位老師對我很好，我們會一同走出教室外，在校園草地上坐下來，讓我聽聽老師的回答與見解。

或許是當年老師願意給我許多建議與方向，讓我對於現在的年輕人，只要他是抱持誠懇的態度來問我問題，我都樂意回答與回饋。關於小資女的問題，我先寫下我的初步看法：

「成功當然是自己定義的，但對成功的見解每個人的確都不一樣。先把成功的範圍界定好，這樣比較能夠確認自己是不是往成功的道路邁進。其實成功不是一個點，而是一個面。也就是不應該只達到一個里程碑就叫作成功，應該是達到一個設定的目標之後，是不是能夠享受其中，除了自利以外也能夠利他，這才是成功。

成功有好幾個核心主軸構成，包括健康、財富、人際關係、家庭、專業職能等等，它是一個綜合分數，不是只一味地追求某一個領域的成就才叫成功。與其追求成功，倒不如每天問自己，有沒有走在成功的道路上，這樣的人生比較不會患得患失，也比較開心。至於想要變成『什麼人』？就只能問自己，做什麼才是妳要的，旁人無法幫妳決定喔。」

小資女回我說：「知道了。謝謝家德老師。如果我有疑惑是否還可以請教您呢？」「當然沒有問題。如果需要電話，也歡迎隨時打電話給我喔。」我快速回應她。

現在的你，想要成為怎樣的人呢？又，你的夢想是什麼？可以停個幾分鐘思考一下，然後把答案與想法寫在筆記本裡。這是我非常建議周邊朋友與聽我演講的聽眾所使用的方法。根據調查，東方人會把自己「夢想」寫下來的人很少，多數人只是把夢想放在心裡，等到真的達成了，才敢大聲說。反觀西方人比較願意一開始就說出口，彷彿向宇宙宣告，他愛死了他的夢想。

近些年，只要我到大學分享職涯講座。我都會預留十分鐘的時間，請台下學生寫下畢業後的五年內欲達成的夢想工作是什麼？我會要求他們一定要用手寫的，這樣才會記憶深刻。甚至，我偶爾還會加碼一個哲學題目，就是請學生也一起回答「什麼是人生的意義」？

我舉一個二〇二二年春天，我到台南大學演講的真實案例。那一回，邀請我到學校演講的是好友劉子歆教授。認識子歆多年，他是一位非常受學生喜愛的好老師。每一年，他幾乎都會請我到學校，對他的學生分享一堂課。

這次講座，因為學生人數只有二十多位，讓我操作「人生意義」與「夢想工作」的機會更大。這群孩子年紀和我兒子相當，都是二十歲出頭，已成年，但還是稚嫩生澀。臉龐洋溢青春氣息，心中想著不斷學習，不讓壞事亂入侵襲，期待未來能有出息。是我對他們的評價與見解。

關於人生意義，有五位同學寫的我覺得很值得分享，分別是：

「多陪伴生命中值得珍惜的人。」

「讓生活品質不斷的進步變好。」

「實現生命中每一個階段的目標。」

「不要愧對自己。」

「盡自己最大的力量幫助別人。」

而對於畢業後的夢想工作，因為他們多數是商管背景，也就有極大比例寫下「會計師」、「分析師」、「行銷企劃」、「統計人員」等職務。

結束演講，子歆晚上在他的臉書寫下了這段話，呼應我當天所講。他說：

非常謝謝好友家德，他提出兩個重要的思考點，一個是「人生的意義」，另一個是「人生的夢想」。對於這些年輕的孩子們來說，這兩個思考點都非常重要。每個人在不同的人生階段，因為想法、經驗或成熟度的不同，都會有著不同的思考重點及人生發展目標。

我衷心希望今天所有參與的同學們，都能夠藉由這一場演講，進一步省思這兩個思考點，幫助自己更認清未來的方向！另外，我想說的是，老師，之所以為老師，就是我們都希望藉由各種的方法或管道，幫助我們下一代的孩子們，都能夠擁有更踏實美好的人生！這是我身為老師甘之如飴的責任。謝謝家德今天的分享！感恩！

「**你是做了什麼？成為現在的自己。然後，未來你要去哪裡？**」這句話是我時常在內心深處會想起的警惕之詞。藉由反省自己，找到職涯地圖的定錨點，往自己的夢想道路大步走去。

綜合前述，對於「好好活」三部曲。我的建議是：

第一，問問自己想要成為怎樣的人？

第二，寫下人生的意義與夢想清單。

第三，反省自己找到再出發的勇氣。

方向是一種選擇，夢想是一種能量

你是一個有「方向感」的人嗎？

在手機的導航系統尚未問世之前，不管是開（騎）車或走路，方向感至關重要，因為那會讓你少走冤枉路。如果方向感不佳，又不願意看紙本地圖或問路人甲，恐怕會雪上加霜，不僅浪費更多時間，最糟糕的是，還到不了目的地。

生活中的方向感有兩種解釋。一種是

「道路行走」的方向感；另一種是「人生目標」的方向感。道路行走的方向感比較單純，可藉由科技產品的輔助，讓我們快速精準抵達。但人生目標的方向感就比較複雜，它不是一蹴可幾，需要用心思考自己想要的夢想到底是什麼？然後再藉由自己的努力與旁人的提點，方能踏上尋夢之旅。重點是，人生夢想的道路詭譎多變，也不見得每個人都能抵達終點。

多年前的一個午後，我走在成功大學校區內的某個十字路口，在人行道等紅燈時，有一位大學生站我身邊，也等著過馬路。因為是夏天之故，他穿無袖的衣服，我看見他的整隻手臂露出一大片的刺青。刺青的圖案非常鮮明，就是以星星為主體的指南針。

這個圖騰映入眼簾，讓我馬上聯想美國職棒大聯盟的西雅圖水手隊隊徽，也是以指南針為設計概念，因為隊名是水手，用指南針的圖像也就非常恰當。這一幕，讓我回想起十多年前，我曾經到美國西雅圖的水手隊主場看偶像鈴木一朗打棒球，那是畢生難忘的回憶。

當交通號誌的小綠人出現時，我便和這位大學生一起並肩走斑馬線。走沒幾步路，我的聊天癮無意識地發作。我轉頭問他：「哈囉，同學，你這個刺青有意涵嗎？是不是提醒自己人生要有方向感呢？我覺得很酷耶！」

這位同學被我突發一問，沒有閃躲，反而等過了馬路之後，停下腳步回答我的問題。他回我說：「是啊。」既然同學表現落落大方，我當然也要熱情以對。我們站在路口聊了十分鐘，也讓我稍稍知道他的近況。

這位同學姓黃，來自海島澎湖，就讀成大理工科系四年級，也剛考上成大研究所，所以還會在府城待個兩三年。刺青是大一時期的傑作，會刺指南針的原因，是提醒自己要有人生的方向，如同海上水手，永遠知道要在哪裡靠岸。

既然已認識，我們也就加臉書，我趁機告訴黃同學一段我常掛在嘴邊的金句。我說：「選擇比努力重要，方向就是選擇；方法就是努力。方向不對，努力白費。」他頻頻點頭，表現認同。

認識黃同學是我在「成大校園外」發生的好故事。我想要分享一個在「成大校園內」關於夢想的好故事。

二〇一五年的一月初，當年我還在銀行上班時，成功大學政治系的蔣老師，邀請我到系上對大四即將要畢業的學生演講。老師希望我分享有用的職場實務，讓這群畢業生更能了解社會各行業的狀況。

對商管學院的孩子演講，我很在行，因為是我的老本行。但對政治系的同學分享職場，倒是頭一遭。後來我思忖，反正都是找工作，就和他們聊聊職場應有的思維吧。這個觀念放諸四海皆準，不因讀什麼科系才是。

課堂中，我提出職場三要事。第一，**走在老闆後面，想在老闆前面**。第二，**在學校重成績，在職場重考績；在學校ＩＱ取勝；出社會ＥＱ致勝**。第三，**天涯必定有知音；職場必定有貴人**。

這場演講，算是非常成功。此話怎說呢？因為演講結束，有數十位同學紛紛跑來講台和我拍照問問題，讓我有巨星的感覺。

來找我請益的同學中，有三位學生與我特別有緣，分別是日堃、子靖與建宇。他們三位是同班同學，也是四年的室友關係，分別來自桃園與高雄。讓我訝異的是，他們有別於其他同學會問的職場問題，三位圍繞在企業管理與財務金融的相關問題。

和他們聊開後，我才得知這三位同學不打算繼續攻讀政治學研究所，卻是要轉考商管科系的碩士班。他們迫切想要從我這邊知道，商管領域畢業之後的出路與機會。基於聊得很投緣，再加上我們都住台南，我便詢問他們，隔天晚上可否一起聚餐，聊個痛快如何？他們聽到我想要請他們吃飯，都很開心。

依約定，我們二十四小時後又見面了。他們三位有備而來，每個人都提出各自關注的財經議題與問題問我，好似要讓我將生命的美好全部留下才肯放過我。我承認，我是使出渾身解數回答他們，幽默的，專業的，用說的，用唱的，激動的，平淡的，感性的，理性的，全部在這兩個小時對他們傾囊相授，完全無保留。看著他們笑翻了，樂透了，我也高興極了。

三位同學很用心也貼心，他們合買一本當期的《*BIG ISSUE*》雜誌送我，當成回饋禮。我則預祝他們都能心想事成，考上心中理想的研究所。也告訴他們，等幾個月後，考試放榜後，我還要與他們再度會面，好好慶功一番。

我把與他們吃飯這件事一直放在心上。因為彼此都是臉書上的朋友，讓我很容易了解他們的近況。五月天的某日，我召集他們一起聚餐慶功。三位同學都如期赴約。美中不足的是，日堃考上台灣大學，建宇上了中山大學，子靖卻是高分落榜。這頓飯，有對上榜的祝福，也有為落榜的勉勵。

子靖是一位性情中人。幾天後，他寫了一段話傳給我。他說：「謝謝老師當天的鼓勵，您給我在人際關係、說話技巧或是人生規劃，都著相當大的幫助。雖然我很遺憾並沒有考上研究所，但您從各種不同的面向提供我意見，讓我從考試落榜的陰影中走出來，可以勇敢地面對未來，真是感恩。」

我回信鼓勵子靖，人生路長，未來還是有機會補回來的。我就舉自己為例，說明自己也是在工作多年，才又重拾書本念研究所與博士班。「只要有心，必能到達；只要堅持，必能成就。」我是如此告訴他的。

時光飛逝，二〇一五年大學畢業的他們。兩位去讀研究所，一位當兵去。接著又過了兩年，兩位碩士班畢業的同學當兵去。子靖則是退伍之後，投入職場上班去。

我要講的重點來了。子靖並沒有忘記想要繼續深造的夢想。他在工作幾年後，經由努力不懈，順利地考取政治大學研究所，時至今日也早已畢業。現在他們三位，都在國內知名企業任職，身為老師的我，很替他們感到驕傲啊。

「方向」是一種選擇，能夠指引人生走上正確的道路。黃同學的自我提醒，是很適切的案例。「夢想」是一種能量，保有它讓人正向積極，熱情無比。子靖的再接再厲，是最好的詮釋。

看完這篇，也寫下你的「人生方向」與「夢想清單」吧！

你會回顧你的人生嗎？

這是一個忙碌異常的世界。撇開孩提時代不談，等到我們長大了，開始與這個世界有重度連結之後，每天我們都有好多事情要忙。忙功課，忙情感，忙財富，忙健康，也忙人際關係。忙到忘記自己是誰，可能是現代人的通病。

雖然廣告台詞不斷提醒我們，「世界愈快，心則慢。」但多數人還是容易被「時間」與「壓力」追著跑。能把時間火侯控制精準；能把壓力來源適當釋放的人真的不多。否則坊間就不會有大量關於「時間管理」與「正念減壓」的課程。

時間管理，永遠是美好人生的顯學。更深層來說，時間管理不是聚焦在管理時間，而是要你藉由時間控制，管理好你的人生，在健康、家庭、工作、休閒、人際關係等五大面向過得更好。我自己對「時間」最深刻的體悟是：只要「代辦事項」過多，超過負荷量，就會覺得時間不夠用。當我發現此狀況，我就必須抓大放小，否則就容易因小失大。

正念減壓，便是工商社會下的產物。健康不佳、家庭不睦、工作不順、負債累累、生活失調等等，都會讓自己的身心靈陷入焦慮與悲傷。所以，我們需要察覺自己的狀態。藉由靜坐、內觀、瑜伽、運動等紓壓方式把壓力源去除。但如果已經到無法自行控制情緒的地步，去看身心科醫師是必要的。對我而言，抒解壓力有兩個管道，靜態的是「閱讀寫作」；動態則是「運動跑步」。

我覺得我是一個感性的人。比如，聽歌聽到動人的旋律與歌詞會哭泣；看書看到悲歡離合的情節會流淚；看劇看到生老病死的故事會啜泣。更深入的說，步入中年之後，對於生命的體悟，感性完勝理性。「我是誰？」常常是我在夜深人靜之際，與自己對話的好問題。我曾在四十歲寫下這段話：

年少時，不知天高地厚，放大自己。
年長時，稍懂人情世故，收斂自己。
年老時，清楚滄海一粟，沒有自己。

這段話提醒自己，我們都是微塵眾，沒有什麼好計較的。孔子說，四十不惑，五十知天命。說實話，活到四、五十歲能夠不惑也安穩自在的人真的不多。原因很簡單，畢竟人生不如意十之八九，諸多鳥事纏身，怎能容易豁達舒暢呢？

但這就是人生，只能選擇「接受」與「臣服」。年少時，對於接受比較抗拒，因為趾高氣昂，年輕氣盛，歷練不足，經驗不夠，只能跌跌撞撞的走下去；年長時，比較知道世界就是如此，只要轉念，心態健全，就能海闊天空，何苦為難自己。年老時，更加明白，自己的渺小，敬天畏神，更加珍惜光陰，讓老去變成優雅。

中年半百的我，午夜夢迴總會冒出「回顧」二字。當心中想起過去不成熟自己的所作所為，就會有些愧疚感。我發覺，年少輕狂雖是一種青春印記，卻也有可能是傷害別人的無知行為。所以，老天送我「檢討自己」這帖良藥，或許當下苦口難嚥，卻能在未來的時光回甘。

打從二〇一一年開始，我都會在年初，為自己欲修煉的人生目標寫下一句話，當成當年的功課。回顧這十多年的歷程，我明顯感受到自己的進步。倒不是我修煉到完美無瑕，反而是在細細碎碎的生活中，找到安身立命的自己，雖不完美，卻能接受。

這十三年的功課，從外人旁觀的視角，不見得了解箇中意涵，但對於真切走過的我，是清楚不過的生命學分。非常建議讀者和我同行，每年選自己很喜歡的一句話自勉，時間軸一拉長，你會發現煩惱變少，幸福自來。

知道要回顧，當然也要前瞻。前瞻是對未來的一種準備與計畫。在對年輕人的演講，我會告訴他們，雖然「計畫趕不上變化；變化比不過老闆一句話；老闆一句話遠不及老天的一劃」，但我們還是要做計畫，否則離人生目標只會更遠。

計畫，短期叫「目標」，長遠是「夢想」。每個人都應該要有目標與有夢想，也就是想要達成的心願。願望不能只是放在心上，若能將它寫下來，達成的機率才會高。「不怕慢，只怕站」，是我常常勉勵職場工作者的金句。

對於校準目標的方法有很多種，找前輩與資深的人請益是我最常做的一種。藉由他們的人生經驗，找到借鏡之處，除了自己受用外，也可以分享給更多人知道。

十多年前，我還在金融業打拚時，有幸認識同業的金控總經理。這位老總謙和慈悲，心地善良，非常好相處。當時我想要找他請益的目的是，聽聽看他如何打敗眾家好手，被老闆看見，快速升官，進而當上總經理。

有趣的事情發生了。在和這位老總見面請教時，我驚覺他的成功之道不是把自己擺第一，而是把團隊利益當成優先；不是自己有好處先獨享，而是讓夥伴一起享用。

在談話中，他告訴我一個好故事，至今讓我記憶深刻。

話說當年，他在軍中當兵時，到了用餐時間，他只盛一碗七分滿的飯用餐。其餘阿兵哥因為怕肚子餓都將飯盛到尖尖的，以容量來說，大約一．一碗。一般來說，如果吃飯的速度相同，〇．七碗一定會比一．一碗的飯更早吃完。當這位老總吃完之後，他再去飯鍋盛半碗（〇．五）飯繼續吃。而那些第一次盛一．一碗的人，第二次要再去盛的時候，才驚覺飯鍋已經沒飯了。從數學的結論：0.7+0.5=1.2 > 1.1。

聽完這個故事之後，我的腦海裡馬上想起「吃虧就是占便宜」與「少即是多」這兩句話。這位老總是一位不爭不搶的人，說實話，依世俗的職場角度，他應該很難被看見或重用，但他卻倒吃甘蔗，深得老闆信賴，成為最高位的專業經理人。我體認到，「厚德載物」是這位老總的人格標籤。

你忙嗎？練習讓自己學會抓大放小。你壓力大嗎？試著用呼吸調節身體。你會回顧自己的人生嗎？懂得回顧更容易回甘。你有前瞻的計畫嗎？知道何去何從，人生會美的像一幅畫。祝福你。

可以請你說說你的夢想嗎？

「可以請你說說你的夢想嗎？」每一回，當我在面試新人時，這個題目是我的必考題。如果你問我，夢想真的很重要嗎？我會回答你，真的很重要。如果你再問我，為何夢想很重要？我會說，沒有夢想的人生，少了樂趣。而沒樂趣的人生，是不是白活了呢！

年少時，我們被家中長輩滋養，不論物

質與精神上，都會受到原生家庭價值觀的影響，夢想或許模糊不夠清晰。年長後，可以獨立生活，自己想要成為怎樣的人，變成是自己的責任。此時，是否已有清楚想要追求的夢想至關重要。

這是我在職場打滾超過二十五年的淺見，不能代表每個人的想法。我覺得，在台灣至少有百分之八十的人，為錢所苦。也就是說，十個人當中，只有兩個人不需要為錢所困，一個可能是富二代，一個可能已經財富自由，其餘的人，在生活當中仍會被金錢制約，只是程度輕重而已。

錢賺得少，就花少，這是大家都懂的道理。但是道理易懂，執行不易。因為人性有幾個很難控制的因子驅使你消費過度。比如貪婪、懶惰、虛榮心等，都是原因。如果再加上被人詐騙、遇人不淑等倒楣因素，對於獲取金錢的渴望只會更加強烈。

如果想要賺更多錢，你的方法是什麼？撇開不正當手段（賭博）或純運氣成分（中樂透）不談，我覺得能賺到錢的關鍵在於「工作」與「理財」。依我過去在銀行業工作二十年的大數據來看，我觀察到，真正有錢的人，大多數是熱愛他們的工作而有錢的，少部分則是透過理財得到。

關於理財，的確有很多的管道可以致富，包括投資股票、債券、基金、ETF、房地產、外匯、衍生性金融商品等。但是，這些理財產品，必須要能長期投資，也必須要有夠大的現金流持續挹注才能長期獲利。也就是說，一般人如果一開始沒有大筆資金投入金融市場，還是必須先靠工作賺到第一桶金才行。簡言之，每個有錢人的致富第一步還是工作。

既然都要工作才能有錢，做什麼好呢？這就是好問題了。世間工作千百種，當然是做自己喜歡的啊！這時，你可能會跟我說，不是每個人都能如願做自己喜歡的工作啊？有些人是人在江湖身不由己，又或者人在屋簷下，不得不低頭！沒錯，人生不如意十之八九，的確不可能事事順心。但是就是這個不如意，讓人想要翻轉命運，往更好的境地邁進。

我舉兩個真實故事，來解釋翻轉命運的概念與意涵。

很多年前，我請一家油漆行派工人來我家粉刷牆壁。幾天後，一位油漆工便來我家上工。因為我愛聊天的個性，很快的就和這位年約三十歲的油漆工小永搭上話。

小永告訴我，因為他不愛讀書，國中畢業就出社會工作，在洗車場當學徒是他的第一份工作。這份工作做了快十年，他赫然發現，他還是沒有一技之長，覺得這樣下去不是辦法，才開始思考未來的出路。

他說他是一位宅男，不喜歡社交，所以無法做業務工作。他便想往技術層面較高的工作發展。因為沒有一技之長，他便從水電工人做起，做了三年之後，他覺得還想要學居家修繕的相關工作，於是他又開始學油漆工程。我就是在這個時候遇見他的。

總結前述，小永告訴我，隨著他的功夫愈來愈好，他的夢想是要開一家住宅修繕公司。他說，當一位老闆，雖不至於十項全能，但至少要有幾項拿手，才能帶領員工，做好服務，也就能賺到好收入。他補充說，因為他學歷不高，所以他一定要比別人更認真才行，否則沒錢真的很痛苦。

我從小永刷油漆的身影，看到他追夢的影子。

第二個案例是，有一回，我的車子拋錨在路邊。我請道路救援公司來協助拖吊車子。來幫我拖車的是一位講話很宏亮的中年男子，他叫小國。小國動作迅速，一溜煙地就將車子定位好。我便坐上副駕駛座，和他一起前往修車廠。

到修車廠的路程大約半小時，我便發揮好聊的角色，開始認識小國。在車上，我不斷地問他關於拖吊這個行業的大小事與江湖行則，他也非常樂意回答我他的看法。就這樣，讓我稍懂拖吊車的生態，也算是搞懂他們的獲利模式。

接著我問小國，為何會成為一名拖吊車的司機。他說，他高中讀餐飲科，很自然的，出社會之後就成為一名廚師。但廚師的工作對他而言，食之無味但棄之可惜。簡單說，這只是他餬口飯的工作，並不是他喜歡的。他便常常在他心中思考，他到底未來要做什麼？

後來小國自己發覺，他的個性喜歡在外面跑來跑去，遠勝做室內固定的工作。或許老天爺聽見了，某一天，他在早餐店用餐時，突然看到桌上的報紙，有一則求職廣告，誠徵拖吊車駕駛員。他覺得很有趣，當天就去應徵。很順利的就錄取了，便一路做到現在也有十年之久了。現在的小國，早已自行創業，是一位擁有三台拖吊車的老闆。

我從小國俐落的拖吊技術，看到他築夢的影子。

小永與小國是不是台灣典型的底層勞工呢？他們身世普通，學歷不高，初出社會，也都做了一些為五斗米折腰的工作。但是，爾後的人生，他們還是想要為自己的將來負責，努力尋找夢想，讓日子精采。

用工作實踐夢想，讓夢想成就工作。人生在世，先求經濟穩定無虞，再藉由更高超的心智能力與專業技術，更上層樓，達到自我實現。所以說，有夢想的人，比較有機會賺到錢。反過來說，若想要賺到錢，確立自己的夢想是絕佳方法。

當你每天都能用快樂的心情追求夢想時，你會發現你不是在工作，而是在過好生活。好生活，當然也就不會白活囉。

你快樂嗎？

「你快樂嗎？我很快樂。」這不僅是這首膾炙人口〈快樂頌〉的歌詞，也是每個人在世上，最需要的陪伴因子。快樂到底是什麼？或許每個人的認知都不一樣，但可以確認的是，快樂會為一個人帶來正能量。

我在我自己臉書頁面的簡介寫著：「人生除了活不下去，否則都應該要快樂。」這句話，已在我臉書掛了十年餘從未撤下，可見我也是一位快樂主義的信仰者。「**看盡繁華百態，快樂是真；走過千山萬水，快樂是真；歷經悲歡離合，快樂是真；回首人生歲月，快樂是真。**」

關於快樂，我寫下五點。這些文字是在某一年的教師節，好多朋友祝我教師節快樂，我回給他們的一段話。我覺得歷久彌新，永恆不變。

一、快樂是內心的平靜，是達到幸福的過程。

二、有錢可以得到快樂，快樂不一定要有錢。

三、健康是快樂的泉源，身心靈平衡是健康。

四、幫助別人能夠快樂，付出愈多快樂愈多。

五、快樂讓人具有熱情，熱情奔放更顯快樂。

一位聽眾，因為聽了我一場熱情驅動世界的演講，發了私訊給我。他說他內向、口拙，社會歷練遠不及厲害的人，感到痛苦萬分，他問他自己：「憑什麼快樂？」因為不知所措，請我給予解惑。

我回他一段話：

「千萬別小看自己。每個人的人生都有喜怒哀樂，家家有本難念的經，沒有誰比較好，誰比較差。重點在於誰面對與接受的速度比較快而已。內向有內向的好，應該要問自己，怎麼過才會快樂，怎麼過才會開心。對於已經擁有的，已經會的，多分享。對於還沒有的，還不會的，就去追求。得之我幸，不得我命，一切都是緣分。人生很長，長到機會多的是；人生很短，短到呼吸一瞬間。好好做自己，做一個快樂的自己比什麼都重要啊！」

這個回答內容雖是個案，但也是通則。很適用每一位想要獲取快樂的人。

又有一回，我與友人到台中大里的菩薩寺禮佛。當我從一樓往二樓的樓梯行走時，朋友拍了一張我的背影，這張照片左邊的牆壁有斑駁的歲月痕跡，右邊則是排列整齊的鐵柱欄杆，我夾在現代與古代之間，有一種必須要回顧與前瞻之感。於是乎，我看著這張照片，寫了一首詩。詩名就叫〈走著走著〉。

走著走著

以為會長大
竟然是變老

走著走著
以為看見是目的
想不到忘記才是終點

走著走著
以為日子只是日復一日
殊不知每天都有新玩意

走著走著
以為自己還有夢想未實現

最終明白快樂就是夢想

走著走著

我願成為家人朋友的依靠

讓生活的種種都是美好的

詩中其中的一個關鍵字是「快樂」。我總覺得，讓活著的每一刻，都是快樂的時光，是最美好的人生。近些年，我常常告訴旁人，我是一個愈來愈幸福的人。簡單來說，我活得很踏實知足，每一天都用微笑、樂觀、積極的心態過日子。每天思考著如何讓公司更好；努力著如何幫助別人；想像著如何讓身邊的人都很快樂。總之，我的生命策略是，**愈來愈少的自己問題，愈來愈多的助人功課**。

要獲得快樂的來源有千萬種，我認為其中一個很重要的關鍵是保持「正向」的態度。正向是需要練習的。我不是什麼心理學專家，無法提供完整的正向理論基礎，但根據我的生活體悟，我覺得有三個要素是可以練習讓自己變得更正向。

第一，學習不抱怨：抱怨是一帖毒藥，放下是一只金鑰。

第二，看遠不看近：以終為始的態度，爭千秋不爭一時。

第三，多讚美感恩：讚美帶來歡喜心，感恩練就慈悲心。

這個世界上，有很多人非常努力，但可能都不盡如意。此時，就會有兩種可能發生，第一種，不會放棄，再接再厲，終至達成他想要的；第二種，覺得時運不濟，開始抱怨，最後一事無成。

其實，我們都想要當第一種人，但大多數人卻成為第二種。原因很簡單，要成功，方法只有那幾種；要失敗，藉口卻有千萬種。知道自己要什麼的人太少，只想要隨波逐流的人太多，這是差別的關鍵。

如何知道自己要什麼？請跟自己的內心對話，用科學的做事方式和美學的待人接物雙軌並進。不足的，就謙卑地花錢、花時間、花功夫去學。人生是不斷修煉與修正的過程。不用擔心被定型，也不要害怕失敗，只要對未來敞開心胸，對世界抱持好奇心，量力而為，接受一切都是老天最好的安排即可。

每天我會這樣問自己。隨著時間一天一天過，我的生命品質有愈來愈好嗎？我有感受內心的安寧嗎？問自己是一種內在探詢，也是與自己的深度對話。赤裸裸的沒有遮掩，好就是好，壞就是壞，只需對自己負責。

年少追求的功名利祿，中年過後成為奮鬥的記憶，卻也是遍體麟傷的痕跡，但這好像是人的必經之路。你對世界還有愛嗎？愛自己，愛眾生，也愛生活。如果愛才是所有的財富，那麼世上的人是否會更快樂？

你快樂嗎？我很快樂。我們約定一起快樂，好嗎？

夢想，是我換工作的關鍵

你住台南嗎？歡迎來聽我的演講。時間在3／19（六）晚上七點到九點。地址是台南市東區崇明路96號5樓（點拾培訓）。公益性質，完全免費。額滿為止。

舉辦講座的原因很簡單，因為我在台南遇見一群熱愛學習的年輕人，他們「渴望更好」，希望「獲得力量」，並「找到方向」，而我願意把如何成為更好的自己的心法告訴他們。

若時間允許，想要「變得更加熱情」，也樂於「結交新朋友」，或希望能「得到正能量」的感染，都歡迎你來。我將傾囊相授，分享美好。

這段文字是我二〇二二年三月初在臉書所分享的一篇文。

為何會辦這場公益講座呢？起因於我在兩個月前，參加台南市口才協會舉辦的愛瑞克與楊斯棓兩位好友的聯合演講之後，所產生的意外插曲。這次見面也是我與他們兩位見面的初次邂逅。感覺很棒，也很溫馨。

讓我來說說我與斯棓醫師還有愛瑞克認識的緣分吧！

楊斯棓是一位俠情之人。《人生路引》是他的第一本著作，非常暢銷，版稅全捐。他最厲害的不是寫自己的書，卻是幫「有緣」的朋友寫推薦序。儼然成為出版社最強的抬轎者。

他熱愛閱讀，也樂於推廣閱讀。二〇二〇年秋天，我在臉書上看到他分享好友泓尿科醫師詹皓凱的新書《怪醫鳥博士的泌尿醫學院：36道你一定要知道的常見泌尿問題》。這本書我有寫推薦序。

我就問皓凱說，你認識斯棓醫師啊？他說他不認識。我便推坑皓凱一定要去謝謝楊醫師的推薦，因為我說，經過楊醫師推薦的作者，書都會大賣。皓凱真的聽我的建議，用臉書私訊去謝謝斯棓兄。然後，皓凱反推坑我說，叫我也要去加楊醫師的臉書，因為他有向斯棓醫師提起我，斯棓兄說他很樂意認識我，就因為互相推坑，我也加了斯棓兄的臉書。

然後呢，人生的一連串好運就不斷發生。二〇二一年六月，當我正要出版我的新書《不是我人脈廣，只是我對人好》，我便傳訊息給斯棓兄，詢問他可否願意寫推薦序？想不到，他一口答應，還大力在他的社群平台幫我打書。時至今日，我們是相知相惜的好朋友。

愛瑞克亦是一位推動閱讀不遺餘力的愛書人。認識愛瑞克起因於斯棓醫師的善緣牽線。二〇二一年我的人脈之書甫問世，也與愛瑞克當時出版的新書《內在原力》同一時間上市。非常有緣，斯棓因為有幫愛瑞克寫推薦序，也在臉書分享這本好書，才讓我有機緣看到。基於同時出書，過往也同在金融業任職，又同是斯棓醫師朋友這三層關係，我便與愛瑞克彼此認識。

認識他們過幾個月後，恰巧看到兩人竟然要在台南的口才協會同台演出，我即刻排入行程，報名參加。過去只要參加課程與活動，幾乎都是往台北跑，這次得來全不費工夫。尤其又能一箭雙鵰，豈能錯過。

台南市口才協會與我稍有淵源。過去這些年，他們邀請我演講數次，不論場地安排與課程準備都很用心規劃，不僅會員人數眾多，協會成員的凝聚力也很強，在台南算有口皆碑的辦訓單位。

現場衝著斯棓醫師與愛瑞克而來的聽眾水準都很高，望眼一看，幾乎都是熱愛學習的上班族。結束聽講後，我正巧遇到熟識的走走小姐與麗淳兩位好朋友，便和她們開始閒聊職場與生活的議題。因為聊得起勁，幾分鐘後，有十多位不認識的聽眾慢慢聚集過來聽我分享。

過往，台南的學習氛圍沒有這麼熱絡，主因資源幾乎都在北部。但這幾年，有稍微改變，我覺得有三個原因。第一，社群的發達，讓南部人有機會串聯群組，比如組讀書會，共同舉辦南部場的活動。第二，如我前述，在地的台南市口才協會或點拾教練培訓積極舉辦課程，讓學習蔚為風潮。第三，講師樂於下鄉分享，讓學習力的城鄉差距不會差異太大。

與大家聊著聊著，我發現他們不想離去，都想要繼續聽我講故事。礙於時間有限，索性我就抛出幫現場聽眾分享一堂職場課的想法，馬上得到一陣歡呼，當下我心想，若能與熱愛成長的朋友共學，也是一件快樂的事。

後續，我請走走小姐擔任講座的總召，結合商業思維學院與女力學院的一起幫忙，也感謝好友石罡無償讓我使用場地，經過幾周的籌備與討論，終於讓這場公益性質的職場講座順利報名。但出乎意料的是，因為場地只能容納百人左右，而報名人數過於踴躍，最後又加開一場，滿足聽眾需求。

兩場講座，來了兩百位年輕人，幾乎都是上班族。我把自己二十七年的職場經驗，用每一段轉職的緣起與心路歷程，訴說屬於我人生的酸甜苦辣。再將我領悟出來的職場見解，用系統性的方式表達，成為講座最重要的養分。這是我舉辦講座的初心，就是讓年輕人更懂職場規則，少走冤枉路。

演講一開始，我告訴聽眾，我活到半百，有三大心得，這三點言簡意賅，是我對生命深切的體會。分別是：

一、**人不可能獨居，所以要有好朋友。**

二、**錢不可少，認真工作與理財並進。**

三、**找到生活重心，讓日子過得充實。**

接著，我開始訴說，我的職涯發展的轉職關鍵與信念。

民國八十六年，我出社會的第一份工作是在飯店擔任財會人員。原先我以為會做個三五年才思考下一步，殊不知在我工作一年半之後，我的母親生重病，為了照顧陪伴她，我毅然決然離職。也在此時，為了不讓我母親擔憂我沒有工作，我告訴她，我打算考銀行，所以才要離職。事實上，考銀行這件事只是幌子，照顧她才是主因。或許孝心感動天，銀行的考試，我竟幸運的錄取了。所以這段職涯的改變，純粹是「**孝順**」所致。

進入永豐銀行之後，我很認真的投入「放款」的業務工作，做了三年左右，剛好是國內「理財」業務大行其道的全盛時期。我心想，如果我會放款又會理財，也就是能左右開弓，對於職涯升遷應該更有助益。基於此念頭，我便轉職到荷蘭銀行的財富管理部門，開啟我的二刀流工作。「**突破**」是我跳槽到外商的原因。

這段外商歲月，我體悟出三個重點：

一、**給我績效，其餘免談**：外商不跟你囉嗦，給數字才是王道。

二、**品牌行銷，皆有策略**：每一個專案背後，都有清楚的算計。

三、**人外有人，天外有天**：我在本土很厲害，在外商只算中上。

離開荷蘭銀行的原因很簡單，因為當時富邦銀行有一個主管職缺可以讓我試試。也基於過去幾年的戰功豐碩，我通過富邦集團大家長蔡明忠董事長面試之後，開始擔任業務主管的工作。在職場擔任主管，不在只是獨善其身，更要學會兼善天下。把部屬的心都照顧到了，才算是好主管。「**領導**」是我轉職的功課。

「家德，和我一起到京城銀行吧。」說這句話的人是我的職場貴人吳韻玫（Beryl）小姐。當年，我們在富邦銀行並肩作戰，打下輝煌的戰績。Beryl被邀請到京城銀行擔任董事，遂請我和她同行一起共事。基於「報恩」的心情，我二話不說，跟著老闆到京城任職。這個轉職契機主因是「**貴人**」的認同。

在京城任職的六年期間，前三年在總行，後三年開啟我擔任分行經理的職涯。隨著Beryl已經退休，再加上獵人頭的積極挖腳，我接受遠東商銀的邀請，開啟我到高雄與嘉義各三年餘時光擔任分行行長的歲月。這段轉職的契機有兩個主因。其一，「**薪水**」比較高；其二，「**善緣**」的牽引。薪水很容易明白，善緣所謂何來呢？當時面談的最後一關是要與遠東銀行洪信德總經理面試。我與洪總一見如故，很有話聊，他也對我讚譽有加，我感受到他的誠意，也就樂於加入遠銀。

到迷客夏擔任副總，又是另一個奇異恩典。當年，我已出版第一本新書《成為別人心中的一個咖》，因為到迷客夏演講之故，認識迷客夏的創辦人林建燁（Kevin）

董事長，我與K哥年紀相仿，理念相近，經過一年多的交流與互動，他熱情地邀請我到迷客夏幫他分攤工作。基於銀行年資已近二十年，我思忖可以轉換產業，開啟職涯的第二曲線。「**玩跨界**」是我轉職原因。

執筆的此時，我正擔任唯賀餐飲集團的總經理。為何又會轉職呢？這又是一段神奇的過程。話說，在我出版第三本書《觀念一轉彎，業績翻兩番》，我認識唯賀的董事長張家銘先生，基於同業交流之便與都喜歡做公益的特質，與家銘就有更深的交集。我算是雞婆之人，因為常常與家銘分享餐飲業的大小事，讓家銘提出找我來公司掌舵的邀請。幾經思考，我覺得職涯可以更上層樓，再加上又可完備餐飲資歷，遂接受唯賀董事會的聘書，擔任總經理一職至今。「**夢想**」是我換工作的關鍵。立志在職場當上一回總經理，是我追求的目標。

二十七年的職場資歷不算長，但也不算短。但我用兩小時的時間把它講完，也算不容易。原先單純去聽愛瑞克與楊斯棓的演講，意外讓我有機會對兩百位年輕人開講，我相信這是老天善巧的安排，也是我樂意分享的美好回憶。

樂觀是一項競爭優勢

二〇一九年夏天，我到台北參加商周圓桌趨勢論壇。第一次認識他。他的外型英挺，台風穩健，說話內容含金量高。一個小時的演講下來，我馬上被他圈粉。心想，台灣的上市公司有這麼一號專業經理人真是厲害。

度過新冠疫情大幅肆虐的二〇二三年初，看到商周圓桌論壇的講者又有他，二話不說，馬上報名。期待這次能夠和他拍張照片，和他聊個兩句也好。如果你問我，花了上萬元去報名整天的課程，真的只為了聽他演講五十分鐘，再次目睹他的真面目嗎？

我會堅定的告訴你。是的，就是如此。

為了和他拍照，我特意站在入口處，期待在兩百人的會場，熙來攘往的人群中，看見他出現在我面前。左顧右盼，等個五分鐘，英俊挺拔的他出現了。心中小鹿亂撞，馬上迎向前去對他說聲「嗨」！

他當然不認識我，但我很難忘記他。「董事長您好，我是四年前也是在商周圓桌論壇聽您演講的聽眾，我是吳家德，很高興有機會再聽您演講。」「喔，謝謝！」他用俐落也充滿笑容的聲音回應我。

「您知道嗎？當年您演講說了這句『樂觀是一項競爭優勢』深深打動我，讓我感受經營管理不僅只是技法，還有心法。」我繼續和他邊走邊聊。

我和他一起走進會場，他準備接受工作人員為他別上無線麥克風。

我知道他即將上台演說了，我馬上問他：「我可以和您拍張照片嗎？」「好啊！沒問題。」他的迅速回答，讓我很開心。

就這樣，身旁的一位工作夥伴馬上幫我們拍照。完成我來台北最重要的任務，就是拍一張合照。

我從西裝口袋掏出我的Podcast節目《你好！我是吳家德》的濾掛咖啡包送他，告訴他，有機會可以聽聽我的聲音喔。（我不知道他會不會聽，總之，讓他有機會記得我也是好事。）然後，跟他說聲謝謝，祝他演講順利。

他是宏碁電腦董事長暨執行長，陳俊聖先生。

再把時光拉回二〇一九年。當年我會去參加商周論壇，單純只想要聽聽各行各業的專家，分享產業趨勢與經營管理的經驗，壓根兒不是把重點放在陳俊聖董事長身上。但經過好幾位重量級人物陸續上台演說，結束一整天課程之後，在我腦海裡能留下記憶的，就是陳俊聖董事長而已。

陳俊聖，何許人也。美國知名大學ＭＢＡ畢業，一九八八年開始在ＩＢＭ上班。

一九九一年轉職到英特爾服務長達十四年。二〇〇五年到台積電入職，最高職位擔任全球行銷業務資深副總經理。二〇一四年加入宏碁，至二〇一七年職務為全球總裁暨執行長，二〇一七年起擔任宏碁董事長暨執行長至今。

陳俊聖是被施振榮挖角的。二〇一三年，宏碁全年損益大虧二〇五億元，創下公司營運最差的紀錄。出現虧損的宏碁急需一位專業經理人來整頓。此時，宏碁創辦人施振榮先生對當時還在台積電任職的陳俊聖提出邀請。開頭就跟陳俊聖說：「公司在失火，有沒有興趣來救火？」我想一般人聽到這句話，應該是退避三舍才對。

但陳俊聖沒有拒絕。他知道這是他的機會，也是展現才華的最佳時機。我在演講時，常常會用這兩句話與聽眾勉勵。「樂觀者，看見問題背後的機會；悲觀者，看見機會背後的問題。」陳俊聖雖然眼前必須面對公司虧損累累的問題，但他卻能看到轉型的商機，樂於挑戰。

第一次我在商周的演講會場，看到陳俊聖秀出一張投影片，投影片有一張紙條，上頭寫著「Optimism is a competitive advantage.」旁邊大字翻譯成：樂觀是項競爭優勢。後來我才知道，這張小紙條是陳俊聖前老闆張忠謀先生在二〇〇九年送給他的勉勵之語。

當陳俊聖接受宏碁的邀請之後，施振榮與陳俊聖便合開一場記者會。陳俊聖亮出這張有護貝的小紙條，告訴現場的媒體記者，面對大環境嚴峻的考驗，他會用樂觀積極的態度去執行宏碁的轉型任務。

當天聽完陳俊聖的演講，我回家馬上上網搜尋當年這場記者會的影音，我意外發現一段很感人的內容。施振榮說，陳俊聖是單槍匹馬來宏碁，他對陳俊聖的期許是希望他未來能夠「功高震主」。我認為真的不簡單，一個大老闆，竟然期待後起之秀的光芒蓋過他，這是何等的格局與風範啊。時至今日，我寫這篇文章的同時（二〇二三年春天），宏碁老早擺脫虧損，成為年年獲利的好公司。

打從有緣聽到陳俊聖的第一場演講，對於張忠謀給陳俊聖的勉勵：「樂觀是項競爭優勢」永難忘懷之外，再到陳俊聖這些年成功改造宏碁轉型的故事，讓我對他打從心裡的崇拜，所以當我得知又有陳俊聖的演講，哪怕我住台南，要很早起搭第一班高鐵衝台北才來得及聽講，我都義無反顧。

我靜下心來回想此事。吸引我一定要北上一睹風采，除了陳俊聖本身散發出的領袖魅力外，另一個關鍵點是，我被「樂觀是一項競爭優勢」這句話打到。因為在我的生命旅程中，多數也是靠著「正向與樂觀」頻頻過關。

我曾經在我的筆記本寫下這段話，我說：「正向思考，不代表只往好處想，而是要能全盤考量，且做最壞的打算，並能接受它，也就無懼。在處理事情的原則，做最積極的安排，用樂觀心情去面對，得之我幸，不得我命，當一切都盡力了，也就無憾。」

思考「樂觀」一詞，我突然想起，二〇一六年的春天，我曾經對台南大學心靈成長營的學生演講「克服逆境的的關鍵」。我重新把我的演講檔案打開，發現當年我寫下九個克服逆境的要素，分別是：樂觀積極，微笑以對，堅持到底，信仰力量，逆向思考，幫助別人，找到天賦，學會感恩，π型人生。而「**樂觀**」就是第一個關鍵。

認識我多年的朋友、同事或讀者，應該不難發現，不論是和我聊天、共事與相處，我幾乎不說負面之詞，我告訴身邊的人，我是一個愈來愈幸福的人。我的生活依舊充實，思考著如何讓公司更好；努力著如何幫助別人；想像著如何讓身邊的人都很快樂。總之，我的生命策略是，愈來愈少的自己問題；愈來愈多的助人功課。這都是拜「樂觀是項競爭優勢」所賜。

最後，我想要說，樂觀是可以練習的。我提出三個練習方案。

首先，**練習用更寬廣的心胸看世界與看自己的人生**。把格局放大，把胸襟提升，你就會發現，沒有什麼事情是不能解決的。如果真的不能解決，擔憂也是無濟於事。

再來，**多去結交正面積極的朋友**。和什麼人在一起，你就有可能成為什麼樣的人。很慶幸的，我從很年輕時，就知道要遠離負能量的人，親近正向樂觀的人。

最後，**寫感恩或快樂日記**。每天要睡覺前，回想一下，今天有哪些事情值得你感恩或感到快樂，花個五分鐘，動筆把它記錄下來。當每天都書寫感恩或快樂的事，久而久之，你就會愈來愈樂觀。

謝謝陳俊聖董事長出現在我生命中，我感恩也樂觀。

輯二——生活是一場熱情的遊戲

生活是一場熱情的遊戲

生命的軌跡，只有在你回頭審視的時候，才會看到自己努力的痕跡。

人若到中年，有前瞻也有回顧。猶如籃球比賽，目前是中場休息時間，教練會召集球員討論上半場哪裡打不好，哪裡需要改進，接著也會下指導棋，給予新的因應戰術，以便下半場能夠乘勝追擊，或是逆轉勝。

把人生比喻成球賽。你會問我，假如我們就是球員，那教練是誰呢？我的答案有兩個，一個是貴人，貴人泛指能夠指導我們人生方向的任何人。另一個是我們自己，意即當貴人沒有出現時，就讓自己成為自己的教練吧。

而我認為，多數時候，我們的貴人還是自己的成分居多。也就是說，教練縱使很神很厲害，也只能給你建議建言，至於要不要這麼做，這麼走，還是端看自己的決心與抉擇而定。

現在的自己，是過去的累積；未來的自己，是現在的足跡。過去，現在，未來。都是人生時間的寫照，值得回味，也需要用心體會。

過去不可追，但可以回憶。過去的種種，是歡樂還是悲傷都是一種記憶，也是讓你現在想要成事的動力或阻力。記憶不是祝福也不是詛咒，只是一個事件，你如何看待事件的角度，會成就現在的你。

現在是當下，當下是永恆。現在的你，該為擁有現在感到驕傲。因為此時，是人生最美好的時刻，可以想像思考，可以唱歌跳舞，可以哭，可以笑，可以去做你想要做的任何事情，哪怕沒錢，沒資源，都不能限制你對未來失望，因為有夢最美，活著就是恩寵。

未來的美好，用現在去成就。你有想像未來的樣子嗎？說實話，那是你的人生，你決定就好。但對未來有所期盼，總是能讓現在的自己多點興奮之情，對過去的自己多些自信心。我總是不斷告訴自己，用自己有限的生命，去幫助需要幫助的有緣人，是我未來最大的夢想。

我們終究會成為過去，當好好把握現在，讓未來也是一個美麗的過去。

有一年的暑假，我擔任一個成長團體舉辦的營隊老師。既然名為營隊，就不是短時間的聚會，少則兩三天，多則好幾周都有可能。在那次的營隊中，我雖然只講了一堂三小時的課，和同學的緣分不夠具足，但因為後續和幾位學員成為臉書上的朋友，經由吃飯聊天，私訊往來，讓我看到「熱愛學習」所帶來的好處。

在課程現場，經我詢問，來參加營隊的學員（有大學生，也有上班族），都是自願報名的，所以學習動機很強。身為老師的我，對著一群熱愛學習的學生上課，那是最有成就感的時候。好問題來了，「學習動機」如何出現在每個人的生命當中呢？

說實話，這實在不容易回答。有些人，有好的環境不學習，有些人沒有好的環境卻拼命學習。但我深深覺得，有一種狀況是會讓學習動機持續不墜的。就是一直做自己感興趣或熱愛的事，學習動機就會像心流（Flow）般源源不絕。

但如何找到自己感興趣或熱愛之事呢？答案很簡單，就是「**多去嘗試，終能成事**。」而嘗試的最佳做法就是不斷學習。藉由多方學習，找到天賦，也得到成就感。

在我的觀念裡，學習分成兩大類。一個是學「**做事**」；一個是學「**做人**」。我在演講中常說：「**學習做事讓專業顯現，專業讓收入產生貢獻；學習做人讓品德出線，品德讓人生幸福無限**。」學做事要會舉一反三，學做人只要始終如一。兩者都很重要，缺一不可。

「**會做事，賺到錢；會做人，不被嫌**。」「**用科學的方式做事；用美學的身段做人**。」會做事又會做人，就是老祖宗說的「待人接物」，懂得待人接物，生活才能美好。隨著年紀增長，見識比較廣博後，我把待人接物寫成一個公式：

待人接物＝（做人真心＋做事用心）＊生命歷程。

做人要「真心」、做事要「用心」，把兩者加總之後，再乘以時間累積帶來的生命厚度，自然而然就能把人生過好。

在那一次營隊的課程，我分享的題目是「生活是一場熱情的遊戲」。我提出「玩人生」的四大關鍵，也是學習如何待人接物的精髓。

第一，「用故事過好生活」：我很鼓勵年輕人每天寫日記，記錄自己的人生。不論手寫或電腦打；不論寫在臉書或部落格；不管要公開或自己看，這都是自己生命成長的軌跡，藉由與自己對話，很容易看到自己的不足，藉此改善。過去這些年以來，我一直在臉書推廣「光陰地圖」運動，很欣慰的，我的好多臉友願意開始動筆寫下屬於自己的「光陰地圖」。沒做不會怎麼樣，做了就會不一樣。

第二，「做公益助人有益」：助人為快樂之本，施比受更有福。不怕沒錢布施，只怕沒心付出。付出之後的心情是開心的，是輕盈的，這也是用錢買不到的記憶。我提出如何發揮用工作成就公益的三個小改變。分別是，日行一善，讓善行成為習慣；

學當志工，培養慈悲心；運用專長，讓付出變得簡單。

第三，「尋找職場的貴人」：我篤信「天涯必定有知音；職場必定有貴人」。職場貴人能否出現，我提供三個方向給大家當參考。首先，找到屬於自己喜歡的職場教練，好好貼身學習。次之，有機會在公司的公開場合，一定要發表自己的意見與看法，讓老闆有機會更認識你。最後，持續的幫主管解決問題，讓他知道，你永遠都在他身旁。

第四，「用熱情深耕人脈」：「人脈的終極目的是利他，因為利他帶來快樂！」這是我常分享給朋友的一句話。我鼓勵年輕人，多認識各行各業的新朋友，也能因為結交各路英雄好漢之後，運用資源來幫助需要幫助的人。就像來參加營隊，總能認識幾位身旁熱愛學習的夥伴，那是一件很幸福的事。

讀完這篇文章，也讓自己當個哲學家。問問自己，過去好嗎？現在如何？未來怎樣？總之，持續熱愛學習，懂得待人接物，生活就是一場熱情的遊戲喔。

跑步哲學——與自我對話

「在平凡的人生道路上，冀望以有限的生命，盡量去開展生活的視野，豐富生命的旅程，投入人群之中，仍然保有敦厚樸實的性格。」

這是我跑步完，靜坐後告訴自己的一段話。

跑步之於我，不單只是一種運動，更是一種哲學。過去這十多年，藉由跑步的機緣，總能展開一段自我的對話，不管是眼睛所見，心之所向，都能寫下一篇篇好故事。關於跑步，我有六個好故事要和你分享。

第一篇：城市裡的校園風景

黃昏到成大校區跑步。跑步結束後也就順便散步。春日的傍晚，微風徐徐，溫度恰好，走起路來非常舒服愜意。

走著走著，我看到一位女子，拿著筆記本與一枝筆，看著前方的風景正在素描。人行道上，每個人幾乎都是或跑或走，只有她獨自站在走道邊邊，認真的畫畫。她無暇理會別人是否有在看她，她已進入自己的世界，和自己在對話。

記得蔣勳老師在演講時，曾經說過一個「淚流滿面」的故事。蔣老師說，他在大學教美術課程時，有一回請學生們到戶外素描。當每位學生的圖畫完之後，老師就會給一個分數，這是教育體制下的成果。

但蔣老師看到一位同學，邊畫邊哭，整個人非常激動。蔣老師告訴聽眾，一般老師可以給一幅作品打分數，但怎麼給一位淚流滿面的學生打分數。他知道這位同學感動於天地，但「感動」怎麼打分數呢？

因為看到這位女子畫畫的樣子，讓我想起蔣老師曾經說過的故事。什麼是美？蔣老師說，美就是回來做自己，我非常認同。我認為，美就是心中有愛，雲淡風輕。

當我走過這位女子身旁，我不經意的轉頭回來，拍下她正在畫畫的背影。我想這也是美啊。

第二篇：從稻田看人性

早晨跑步行經農田，看見這一區稻田收割不完整，覺得挺奇怪的。剛好農夫在田邊，便問他這是什麼狀況？農夫告訴我，因為前幾天有梅雨，擔心稻米泡水太久會發芽，便急著收割。但一割下去，發現稻米尚未成熟，又停了，才會有這種狀況。

這個事件給我一個啟發：許多人常常會因為心急或迫於情勢，而做出錯誤決定。當執行之後，發現有錯，便有兩種可能。第一，將錯就錯，一路錯到底；第二，發現錯誤，懸崖勒馬。

第一種人基於固執個性，也可能怕被笑或異樣眼光，或有很多可能原因讓他不願意回頭，終究付出更大成本。第二種人具有彈性人格，知道什麼是重要的，不怕被笑，也不擔心別人指點，一切以最佳方案執行，最終損失不大，甚至有機會翻身。

這是人性的寫照，也是老天給我的體悟。

第三篇：察覺自己的起心動念

依生理時鐘，我約莫六點就起床。今天是十月的最後一天也是禮拜天，理應去跑步，但一想到當月設定的五十公里的目標已經達標，便又倒頭再睡。

躺了兩分鐘，我腦海閃過一個念頭，不對，不能因為達標就不跑，我是因為熱愛跑步而跑步，怎能不跑呢？隨即起床，穿好衣物就出門。

每趟跑程，我幾乎都跑五公里而已。照理說，今天也不例外。但是，人生總會發生例外。在我跑了三公里之際，我遇到好友茂森兄。茂森兄正在勵行連續跑一百天不中斷的新生活運動。就這樣，因為不期而遇，有了同行者，讓我心中萌起跑八公里的念頭。（被人激勵，展現潛力。）

我和茂森兄跑到億載金城之後，他繼續往漁光島跑去，而我則開始回程，欲完成我的八公里之旅。為何會想要跑八公里呢？因為上次我跑七公里，慶祝自己的新書七刷。我在想，應該很快就能八刷了，所以提早跑起來預祝自己新書八刷。

不出兩分鐘，我又閃過一個念頭，如果都已經跑了八公里，不如跑個十公里，因為今天是十月的最後一天，用十公里慶祝本月完美的結束。然後我又告訴自己，書能不能賣八刷或十刷不是那麼重要。重要的是，有讀者因為我的書變更好就夠了。我的心中燃起「助人為快樂之本」的念頭。儘管助人，書能幾刷就「盡人事，聽天命」即可。

很順利的，我跑完十公里。回顧起床到跑完這趟旅程，我察覺自己的念頭一直在變。我有三個小總結。一，我為何跑步？答案是「健康、興趣與自我對話時光」，不該被目標凌駕（其實目標還是很重要，但動機應該要大於目標才會持久）；二，為何會多跑好幾公里？因為有同伴。可見人與人的互相鼓勵是變更好的關鍵；三，為何念頭一直轉變？因為我是一位哲學家。喜歡奔跑，也喜歡思考。跑在夢想道路上，思考放下枷鎖，讓天賦自由。

第四篇：跑步「心」發現

我都是戴眼鏡跑步。如果有汗水滴到鏡片上，你會怎麼做？我想，多數人（包含我）都會把這滴汗水擦掉。因為這滴汗水出現在眼前，看起來很礙眼。

另一種情境是，如果跑步不是一滴汗水出現在鏡片上，而是跑步時，突然下雨讓整個鏡片都沾滿了雨水，你還會擦嗎？我想應該不會，因為雨若沒停會擦不完，只好接受鏡片都是雨水的事實。

我的「心」發現是：一滴水，比喻是問題。假如只有一滴，我們很容易解決，擦掉後繼續前行。但若是同時出現太多滴，意謂很多問題同時出現，這時候你可能無法馬上解決問題，逼得你只能接受現況。你能做的不是馬上解決眼前的問題，而是接受有這麼多問題的事實，然後還是要繼續跑下去，等待雨停之後再擦掉。

所以說，生命中如果只有一個問題（鏡片上的一滴水），你會把它放大，並試著解決它。但是如果出現很多的問題（鏡片上都是水），你就會把問題視為家常便飯，和它共存，再等待適當時間解決它。

結論是：人生問題隨時有，重點是，如何排序並解決它。

第五篇：跑步的靈感乍現

除了調節呼吸外，跑步就是「思考」與「放空」的切換過程。某回的傍晚跑步，我突然想要定義兩個句子。一句是「重點的細節」；另一句是「細節的重點」。

重點的細節，我認為是先有大方向，再抓住精隨，是一種由上而下的檢視，比較適用在管理幹部的工作「效率」。

細節的重點，則是鉅細靡遺的掃描，找到關鍵點，是一種由下而上的確認，比較適用在基層員工的做事「效能」。

不論是效率或效能，最終工作的績效還是要看「**效果**」啦。

第六篇：無常教會我們什麼

二〇二一年的四月二日早晨，我帶著家人一起去掃墓。當我帶著兒子女兒走進寶塔，祭拜我的爺爺時，我告訴他們一個陳年往事。我說，我還在讀小學二年級階段，我的父親不讓我買電動玩具，我很生氣跑去找阿公抱怨，結果阿公對我很好，就帶我去買一台電玩。

這個回憶封存在我的腦海已經四十年不曾遺忘。我記得，那一天阿公牽著我的小手，陪我散步到書局，然後幫我完成大大的心願。

回到家之後，打開電腦看到太魯閣自強號的火車翻覆新聞，真的很難過，難過生命就在無常當中逝去，連說再見的機會都沒有。還能說什麼呢？說什麼有用嗎？當下感受的心情就是無言。

傍晚，我到成大光復校區的田徑場跑步。操場就位在台南火車站的後站。我沿著跑道一圈一圈的跑，心中想著還是車禍的悲傷事件。我看見火車南來北往的入站出站，也聽見火車喀隆喀隆的聲音此起彼落。原本乘載的該是遊客的幸福旅程，卻變成一趟無常之旅，怎會是這樣呢？

邊跑邊想，到底無常要教會我們什麼？我想到的三個關鍵字。

謙卑：人在宇宙之下顯得渺小也微不足道，別自以為是。

快樂：人生不如意十之八九，能開心就不要傷心。

愛人：愛是世界上最偉大的力量，為愛而活是幸福的。

故事終究會過去，人生還是要有趣。苦難是化了妝的祝福，願逝者安息，生者平安。

以上是我經由跑步得出的六個體悟。你以為我只是在跑步嗎？不是的，其實我是藉由跑步在分享人生啊。

你的好習慣，是否讓你成為想要成為的人呢？

「習慣」這兩個字放在人的行為上面，原先沒有好壞之分，只是反映出個人長期持續的選擇與作為而已。但是，只要加上世俗認定的「好」與「壞」兩字之後，卻有天壤之別。「好習慣」會讓人複利成長，愈來愈好；「壞習慣」會讓人節節敗退，愈來愈差。

近幾年出版的《原子習慣》，在台灣的

書市颳起一陣大旋風，書中教人們做出細微的改變就能帶來巨大成就的步驟與案例，成為讀者熱衷學習的方法與指南。這本書對職場工作者以及想要建立好習慣的人的確受用。

書中有一個觀念深得我心，就是「身分認同」。作者說：「動機讓你開啟習慣，身分認同讓你維持習慣。」他舉一個例子，我非常有共鳴。他說，如果你今天很累，一定不會想要去健身房，因為懶得動。你也一定心想，縱使去健身房也不能好好運動，所以乾脆不要去。

但作者會告訴此時很累的你，一定要去。哪怕只有五分鐘，都能強化「身分認同」。這代表你沒有中斷上健身房這個好習慣。如同投資界大師查理蒙格所言：「複利的首要原則是，非必要，別中斷。」

回想每個人的過往人生，到底有哪些好習慣至今，依然很規律的進行中呢？我有，值得分享的有兩個。其一，每日書寫「光陰地圖」不中斷，持續超過十五年；其二，每月街頭路跑至少五十公里，至今已經三年餘，亦不曾間斷。

或許我的這兩點習慣，對有些人來說簡直是輕而易舉，但之於我而言，卻是彌足珍貴的信心來源，也是「身分證同」的最佳詮釋。因為每天有紀律的書寫生活大小事，讓我成為作家，進而結識更多讀者，豐富我的生活視野。也因為每月的規律跑步，讓我體力充沛，身心靈安頓，有更多的能量去做自己想要做的事，才能讓日子過得精采繽紛。

我想要分享十多年前的一個故事，這件往事與原子習慣的「身分認同」也有異曲同工之妙。

這個故事是這樣的：有一回，我報名參加一場兩個小時的熱門講座，因為塞車緣故，我遲到一小時。進入會場後，發現滿坑滿谷的聽眾早已聽得陶醉，除了會場內的位置都坐滿以外，連走道階梯也都坐人。一位主辦單位的志工看我站著聽講，非常好心搬了一個小板凳讓我坐，避免久站一個小時。

當時我以為，我已經是最後一位入場的聽眾。想不到，距離演講結束只剩下十分鐘，突然有一位中年男子也進來聽講。這位男子西裝筆挺，倚站在我身邊聆聽。當下我心想，只剩十分鐘還來，太不符合經濟效益了吧。

很快的，演講就進入尾聲。散場時，我好奇地問他說：「老兄啊，整場演講因為遲到，我只聽一半，而你遲到更久，只剩十分鐘，幹嘛還來啊？」這位男子笑笑回我說：「搞不好這十分鐘就能聽到對我而言最重要的觀念，為何不來呢？」

他接著補充說，這場講座早就排入他的行程，也是不可抗力才晚到，但他覺得既然排好行程要來，就不能毀約，這是一種「習慣」。

好一個「習慣」啊！這些年來，這位西裝男的一席話深深影響我。

我現在對「習慣」兩字是這麼認為的：「一個好習慣，就是一個承諾。當能履行承諾，必有獎賞，只是這個獎賞不見得是錢，有可能是豐厚的財富、職場的快速晉升、良好的人際關係、健康的身體等等，它會用不同的形式獎勵著有好習慣的人。」

讓我再分享一個因為好習慣帶來紅利的案例。我把這個故事命名為：「你的開始我來不及參與，你的結尾我不能錯過。」

好友許榮哲老師來台南開「編劇寫作」工作坊。上課的地方很特別，就在安平老街的天后宮香客大樓內的媽祖學院。榮哲說，來參加的學生，必定讓他們香著回家，若沒有香著回去的人全額退費。

看到榮哲的招生文案，我覺得很有趣。這種廣告詞，也只有他才想得出來。果不其然，招生額滿，許多學員紛紛從台東、台中、小琉球而來，可見大家都想要香著回家。

我也想要報名，馬上看著上課的日期與時間，接著再對照我的行事曆，哇！衝堂，上課的這天，我在高雄有其他重要的行程，結束是傍晚四點半。我應該享受不到「香著回家」的幸福感。

因為時間真的無法配合，我想多數人就只能放棄這個上課機會，包括我在內。但我核對我的工作排程，我發現，我有機會在榮哲傍晚六點下課前與他碰上一面。我自忖，哪怕只有十分鐘小聊片刻，也是值得的。

除了西裝男幫我上了一堂「好習慣」的課外，我覺得「見面敘舊」在人際關係的經營也是占有很重要的一席之地。意思是說，好友若有機會見面就找機會見面，別因為時間短就不見面，否則一等再等，這輩子便很難見面。這類型又以住得遠，不常見面的朋友更是要好好把握。我和榮哲已經將近兩年不見，他在北，我在南，若是無心，不知何年才相見啊。

從高雄回到台南，我約莫五點五十分抵達香客大樓。打開門，告知主辦單位我是榮哲的朋友。主辦人員貼心的把我安排到最後一排座位。我看著前方，榮哲正在講台上用他熱情的教學法讓大家通透編劇的步驟與手法。

由於學員熱衷發問，最後一堂課稍有延遲，榮哲一直講到六點二十分才下課，而最後一段的授課內容，就是課程的精華總結，完全被我認真地聽完了。

我衝進去想要與榮哲見面敘舊的過程，是不是很符合西裝男所說的：「搞不好最後十分鐘就能聽到最重要的觀念。」更何況我賺很大，足足多聽了二十分鐘之久。

課程結束後，我走到講台，榮哲看到我出現，也嚇了一跳。問我怎麼有空過來。我用廣告台詞說：「再忙也要陪你喝杯咖啡啊。」兩人相視而笑。原本以為只能聊個幾分鐘，榮哲就要趕高鐵回台北，後來得知主辦單位很熱心邀請榮哲到安平老街的餐廳一起吃飯，榮哲答應了，就這樣，我因為是他的民間友人，順理成章的陪他吃飯去。

也因為有這段用餐時間，我和榮哲的聊天時光就從「片刻」變成「鐘點」。這就是因為擁有「好習慣」，才得以讓媽祖送給我的紅利啊。

好習慣的建立不是一朝一夕就能完成。需要有知覺、有系統的進行，才能轉化成生命的養分，讓自己受惠。你想要成為什麼樣人，跟你擁有什麼習慣息息相關。我想要成為「熱情」的人，而我的好習慣就是表現出「微笑」、「樂觀」與「積極」的樣子與態度。

問問自己，你的好習慣，是否讓你成為想要成為的人呢？

熱情的好服務才是王道

現代人幾乎都有智慧型手機。手機不再僅限「打電話」功能，透過網際網路的普及、可以使用各項社交軟體，玩遊戲、拍照、線上會議、看影片、訂餐等。可以說，手機已是家人情人以外，最親密的伴侶。

眾所皆知，手機大廠幾乎每一年都有新機上市，藉此提升獲利與擴大品牌市占率。許多用戶與鐵粉，也都會迫不急待想要換新手機，因為會有更強大或更新穎的功能可供使用。

說實話，我不是一位喜歡換新手機的消費者。過去這些年，除非手機老舊，電力流失快速，或記憶體嚴重不足，否則我大概都不會換手機。可能我的個性是念舊之人，東西沒壞，捨不得丟棄吧。

二〇二一年，我的生日當天，家人看到我的手機已使用近四年，竟聯合送給我一支剛上市的新手機。收到當下，心情自是感動。但心態稍有疑慮，因為我知道，我的手機還沒壞，真的要馬上換新手機嗎？

生日已過數月，家人總會問我，手機何時要換新的啊？我說：下個月。已下月，家人又問，我便答：再下月。又下月，家人再問，我才說出我內心的問題，我說：「要把舊機資料無縫接軌到新機，總是要花些時間與功夫，況且我對移機操作不熟稔，擔心內部資料搞丟啊。」

兒子得知此問題，便告訴我說，可以回到當時購買的店家，店員可以幫忙處理的。聽兒子這麼一說，再加上新手機的照相功能更為強大與記憶體容量擴充翻倍的雙重加持，我更找不到抗拒不換新手機的理由了。

某日的放假午後，我走入了電信門市，啟動為時兩個半小時的換機儀式，向舊機道別說感謝，也對新機說請多多指教。

自動門一打開，馬上聽到很有服務熱忱的聲音。「先生您好，歡迎光臨，請問您要辦什麼業務呢？」對我說話的是一位中年女子，看起來非常幹練親切，我猜她是店長。

近十年，電信業走進戰國時代，除了比通話品質外，也比資費方案、用戶市占率等。這些大公司，必須在硬體設備一較高下，也要在軟體服務一較長短。而門店執勤人員的良莠，便成為決戰關鍵。

我說明來意之後，這位親切的店員，便回我說：「沒問題，先生請坐，讓我為您服務。」當我坐下，把新舊手機交給這位小姐之後，我不經意的看到她的識別證寫著「店長」兩字，馬上印證我的猜測是對的。除了「幹練親切」的特質外，這位店長還有一股領導人的氣勢，也是我判斷的依據。

如前所述，為何我換新手機會等「兩個半小時」呢？因為手機公司的作業系統早已升級到新版本，而我的舊手機與新手機都沒有同步更新所致。店長告訴我，更新時間需要一陣子，問我能否久等，我說沒關係，我下午都有空。

其實在我上門前，我早知道換新手機的工程可能無法一時半刻馬上好。我預留時間，讓自己不會乾著急，也讓對方不因客戶久等而感到壓力倍增。我曾經在臉書寫下這段句子：「**當你很急促的過日子，你的靈魂會跟不上你；當你很憂慮的過生活，你的好運都會遠離你。**」藉此提醒自己，從容應對，優雅生活。

這位店長的服務真的不是蓋的。從我進門不知道我的姓氏，到後來從電腦系統得知我姓「吳」之後，他不再叫我「先生」，而是稱呼我「吳先生」。我更明白，眼前這位店長想要拉近與客戶的距離是不言可喻的。

也因為必須等待作業系統的升級與大量資料的移轉，讓我有時間與店長展開深度對談。這段與店長的談話過程，讓我可以寫下三個觀察入微的職場亮點。

亮點一：職場不想被淘汰，就要一直學習。

店長告訴我，她從事手機販售與服務的工作已經二十餘年，儼然是台灣通訊史的見證人。從最早的B.B. Call（呼叫器），到大手機，再到掌上型一般手機，最終進化到各式各樣的智慧型手機，她無役不與。我問她，為何會在這個行業待這麼久，她說出一個超棒的思維。

店長說：「通訊業是一個快速變化也與時俱進的行業，待在這種產業，不管是主動還是被動，都需要不斷學習，才能應付改變。我覺得我的個性不喜歡一成不變，所以這個行業很適合我的人格特質，也就一直待到現在。」

我對店長頻頻點頭，認同她所說的。也告訴她：「學習是最好的保養品，會讓人保有競爭力，也青春不敗。」

亮點二：專業是職場生存基礎，熱情的好服務才是王道。

這家門市還有其他同事一起值班，但每每看見顧客上門，店長的招呼聲總是最宏亮熱情。我在旁觀察一陣子，我發現這位店長只要有客戶到她的櫃位，她會把客戶上門的招呼語、服務結束的問候詞非常用心地說出來。完全落實公司交代的話術。經與她確認，店長告訴我，她這麼做有兩個用意，一來以身作則，讓其他店員也能效法熱情的好服務。二來她說，經過多年的實戰經驗，她發現很多客戶都因為她的好服務而回籠。我心中馬上想起「**服務只有Basic，沒有Magic**」這句話，也和店長共勉。

店長接著說，她扛這家店的每月業績要達上百萬，如果不把客戶照顧好，業績怎能達標，獎金怎能入袋？舉凡客戶上門繳費、詢問手機使用教學、再到門號續約的種種問題，我發現這位店長都能與客戶多聊上兩句，目的就是建立與客戶的多重連結，為下一次的服務創造成交的機會。

亮點三：人生不是只有一直工作，也要規劃自己的下半場。

和店長的聊天內容，從手機的技術問題，再到門店的領導與管理，最終我們聊到生活上的議題。店長已婚，小孩目前剛上大學，她打算再五年後要退休。她說，五年後房貸繳清，小孩也大學畢業，她和先生就比較沒有負擔，可以去做自己想做的事。

我問她，什麼是自己想做的事呢？她很快的回答我兩件事。第一，每周都要去爬山。她說她喜歡親近山林，可以登山運動讓她感覺很開心。第二，每周回老家陪爸媽。店長是嘉義人，嫁來台南，雖然路途不遠，但總是為了工作與小孩教育，回娘家的機會比較少。她希望未來可以常常回家，當一位孝順的女兒。

一邊閒聊，一邊更新，等候的時間也就沒有想像中的久。當所有移機的程序與步驟都完成時，店長請我檢查一遍，看看是否有疏漏的地方。當我確認都沒問題，謝謝她準備要離開時，店長依舊用她慣用的熱情口吻對我說：「吳先生，如果未來公司的線上客服打電話給您，記得回答您對本次服務人員的表現非常滿意喔，而且要給十分。」

我轉頭回她說，怎麼會是十分，是一百分啦。

人際破冰——
在電話兩頭開啟新友誼

「每天看你拍的食物，心情都被療癒了！」

「聽老師的 Podcast 也是我通勤最療癒的時光啊！」

「找個時間見見面，聽聽妳的故事，就可以成為 Podcast 的一集！哈哈哈。」

「好喔！我再私訊跟老師約碰面時間。」

上述的四句話，是我在艾瑪臉書的留言版上一來一回的對話。

艾瑪。一位半生不熟的朋友。我們在二〇一七年的夏天邂逅。當時，是在好友謝文憲（憲哥）的《人生準備40%就衝了！》全省巡迴新書發表會的台南場認識，之後加為臉書朋友。坦白講，對於艾瑪的相關背景，我一無所悉。唯一知道的是，她熱愛學習，和我有許多共同的臉友。

後來的這幾年，我還有在高雄、台中、新竹的演講場合遇見艾瑪。艾瑪竟已從聽眾席，走到台前，拿起麥克風，擔任好幾場演講嘉賓的主持人。幾次聽她開場，發現這位女子很有大將之風，口條流暢，面帶笑容，把綠葉角色擔綱極好。

記得二〇一九年的春天，我出版《觀念一轉彎，業績翻兩番！》這本業務之書，她竟然在當年的某次演講場合拿我的新書給我簽。當下我直覺，艾瑪應該從事與業務相關的工作。

沒錯，每當我閱讀她臉書或部落格文章，總能從字裡行間讀到「業務」這個關鍵字。而「海邊小鎮的工作日誌」是她一系列職場與生活的寫實記事。因為她文筆紮實，文字充滿溫度，讓我喜歡按她的讚。家住台中，在機械廠工作，擔任國外業務，是之後我對艾瑪的簡單認知。

因為艾瑪寫了這句「我再私訊跟老師約碰面時間」，讓我第一時間就發私訊給艾瑪。我寫著：「哈囉，艾瑪。」艾瑪馬上回我說：「老師的動作比我快一秒，果然是行動派。」

說到「行動派」這三個字，我有很多故事可講。簡言之，就是隨著年紀愈來愈長，知道世上許多事情一定要即知即行，否則很容易錯過與徒留遺憾。說個故事：我有一位二十多年的職場同事，他住高雄，我住台南，我們偶而聯繫，但不常見面。有一回，他打電話來約我喝咖啡，我當然很高興。見面時，我問他，為何這次如此積極約見面，他告訴我，一個感傷的事情。他說，他有一位好友，每次說要見面，但每次總是因故沒有見面。之後，他的這位朋友因為意外過世，再也沒有機會見面。他便發誓，以後只要與朋友相約，他一定排除萬難，不想讓遺憾再度發生。

活到半百，開始打下半場的我，感觸也是特深。我珍惜與有緣的朋友相聚，只要有機會見面，我都很樂意交流。每個人都是有故事的人，只要願意聆聽，抱持好奇心問對方問題，都能聽出好故事。

在傳給艾瑪的私訊中，我覺得「時機」成熟了。這個時機的意思是，打從二〇一七年成為臉友，經歷六年至二〇二二年，終於在一個留言「每天看你拍的食物，心情都被療癒了！」這句話開啟更進一步的認識。

寒暄兩句後，我單刀直入，問艾瑪可以用講電話嗎？「講電話」這件事，是我在「人際關係」用來破冰很常做的事。我常說，可以見面就不要只有聲音，可以電話就不要只有文字。引申人與人之間的互動，最終還是要能見到人，聽到聲音，否則單純只用文字，是很難醞釀更厚實的友誼。

雖然傳私訊的目的是我要與艾瑪相約吃飯。但我想要在見面之前，對她的近況有更多的了解，以便真正見面時，能夠聊得盡興暢快，才不會感覺生澀不熟。

艾瑪得知我想與她通電話，也很阿莎力地回我說「好啊」。在此，我又想要表達一件事，關於「講電話」這件事真的沒有那麼簡單。

一來，現代人被社交軟體綁架，聯繫上幾乎都是文字或貼圖。不太熟的兩人，總要有一人先提出想要講電話這件事，否則過了數年，可能連對方的聲音也都沒聽過。二來，你想要用電話聯繫，對方當下可能真的不方便接，比如開會、聽演講、開車，搭車等；也有可能對方很內向真的不敢接；或是對方對你的信任感還不足，覺得唐突接這一通電話會很不自在。

總之，能夠在電話兩頭開啟新友誼，是不簡單的。在此，我也分享針對不熟的朋友，欲打電話的小技巧。就是你傳訊息給對方說：「如果時間允許，我們可以聊個兩三分鐘。」我覺得這是「進可攻，退可守」的溝通模式。其一，如果新朋友是不太會聊天的人，極限大概就是兩三分鐘，會讓對方比較樂於接受；其二，也讓朋友知道你對時間的掌控與安排，不會去騷擾到對方。

「嗨~艾瑪，好久不見啊，能夠和妳通上電話真是開心。」我一邊用熱情的口吻講話，一邊用笑聲附和我的說話。我想要在打這通電話的當下，讓艾瑪感覺，我是真心誠意想要和她聊個兩三分鐘。

積醞好多年的臉書資訊終於發酵，彼此話匣子打開，就欲罷不能。我和艾瑪在這通電話足足聊了一個小時。你會問，哪來這麼多話題可以聊？這就是我想要繼續分享的關鍵。

人際溝通的重點是：多聽少說，多問少講，多情少理。

與艾瑪的這通電話，我早已設定，要來好好了解艾瑪的背景與資訊。所以，我會希望讓艾瑪多講講她自己的故事。從前面的資訊，你會以為艾瑪是學外文或商管類的學科，因為一般人對於「國外業務」這個職務，大抵就是這個直覺。

但是艾瑪不是。她大學是念中文系，一開始出社會工作是從事金融業小助理再到資深業務，共有六年之久。她的外語能力是向一位英文很溜，曾經開過貿易公司的老師，貼身學習三年得來的。

而她現在所任職的公司，艾瑪曾經待了八年之久，離開之後，輾轉又做了三年的兩份工作，後因她的好口碑，再度被老東家找回去重用。截至我打這通電話給她之際，她回鍋也五年餘了。講上述這些事，只是要表達，我很認真聽艾瑪分享她職涯的時間軸，對於她的工作，我顯露關心，也內化於心。這是「多聽少說」的示範。

我們之所以能聊到一小時，除了時間允許外，更重要的是，我當一位好奇寶寶，不斷的詢問她人生轉變，舉凡從金融業到製造業，從小業助到大業務，從學中文到熟英文，我讓艾瑪知無不言，言無不盡。在那當下，她全然感受到我的善意，把我當好朋友般對待。結束這通電話之前，艾瑪說了一句話我印象深刻的話，她說，家德老師你好會問問題喔，好像這是一場深度的訪談。

我回她說：「這是練習當一位優質主持人的素養，看來我的斜槓人生又多一筆了。」語畢，我們在電話兩頭哈哈大笑。這是「多問少講」的詮釋。

至於「多情少理」更是重要。人是情感的動物，多讚美少抱怨；多認同少質疑，都能讓人際關係變好。艾瑪的人生並不是一帆風順，她工作上有過低潮，家庭裡也有擔憂，此時在電話那頭的我，給的是「祝福與鼓勵」，傳遞的是「哇，太幸運」等字眼。我讓對方知道，我沒有資格說教，更不會有批判的情緒出現。也因如此，艾瑪與我相談甚歡，一片歡樂。

過了幾周，我們真的相約聚餐。

有了上回的通話，彼此聊的話題也就愈廣。「認真工作，享受美食，熱愛學習」，是艾瑪出色的標籤。我欣賞她的生活風格，也讚歎她的人生態度。

機會不只留給準備好的人，也給「敢」的人

廣播的影響力，竟是如此美麗。

我演講雖已千場，但其中有一場邀請我演講的源頭非常有趣，這是跟我上一個廣播節目有關。說實話，現在的媒體多元，傳統的廣播電台收聽率漸漸式微是不爭的事實。縱使如此，廣播主持人或是節目來賓，只要秉持著「認真分享」的精神，還是會有意想不到的紅利。

事情是這樣的。某日早晨，我上中廣《蘭萱時間》，接受主持人蘭萱小姐的新書訪談。在播出節目的平行時空當中，有一位聽眾聽到了我的專訪，他對我感到好奇有趣，遂請他的秘書試圖找到我到他公司演講。

就是這麼有緣，這位秘書以前是我十多年前在銀行的老同事。她很快的就得到我的電話，和我加Line，洽談演講事宜。最終，我到這家公司演講，完成了這場因為廣播而結緣的演講。

這家公司是位於高雄路竹科學園區的上市公司萬潤科技，那位聽眾就是董事長盧鏡來先生。盧董事長是一位為人誠懇敦厚，具有領導魅力的企業家。他請公司兩百多位夥伴都來聽我分享「利他人脈學」的觀念與故事。希望同仁可以體會人脈的價值。

更有趣的事情來了。你們可否知道，為何我能夠上蘭萱小姐的節目，成為訪談來賓嗎？你可能會說，你們本來就認識？「錯」，我雖是蘭萱小姐的節目聽眾，但是蘭萱壓根不認識我；你可能又會說，因為他們要找作家訪談，所以找上我。「錯」，蘭萱小姐介紹新書的口碑遠近馳名，大家搶著上，如果慢慢排，可能到現在我都還沒等到呢！

不賣關子了。答案是：「我敢、我渴望，所以我可以上節目。」《蘭萱時間》是我多年來早上開車上班時常會收聽的節目，我從未親眼目睹過蘭萱，但在電視與網路看過她幾百回。二〇二一年秋天，我出版新書《不是我人脈廣，只是我對人好》，我就在心中許下心願，希望能上蘭萱小姐的節目。

或許老天聽到我的聲音，有意助我美夢成真。但老天也不是讓每個人都太容易心想事成，總要迂迴干擾一下，考考圓夢者是否真心誠意，才給糖吃。

新書甫出版，我就去上老朋友財經作家夏韻芬小姐在中廣節目。接著，過兩周我又去台北上中廣吳淡如小姐的節目。我坐在沙發區等上節目之際，抬頭一望，突然看到一位非常熟悉的身影，她是蘭萱小姐。她陪著一位上節目的來賓走到電梯口，準備送客。

當蘭萱出現在我眼前時，我心中驚喜連連，好不緊張。

此時，我有兩種選擇。第一種就是迎上前去，向她打招呼，自我介紹，告訴她，我想上她的節目；第二種就是膽小不敢行動，默默看她送客，離開我的視線，然後懊惱不已。你猜，我選哪一種？

沒錯。我有業務精神，所以我選第一種。機會不單只是留給「準備好」的人，也是留給「敢」的人。我迎向她走去，對她打聲招呼。我是這麼說的：「哈囉，蘭萱小姐您好，我是吳家德，今天剛好來上淡如姐的節目，我最近出版新書，剛好我的袋子有多帶一本，希望能送給您。我是您的忠實聽眾，也期待未來能上您的節目。晚上我會在您的臉書粉絲頁發私訊給您，向您多做介紹，不打擾了。」

我知道，第一次見面，不能叨擾蘭萱小姐太久，畢竟她還有客人需要照顧。不出三十秒的時間，我不僅把書給蘭萱，也遞交一張我的名片。然後我便俐落地走回休息區。我的動作只想表達，我用「速度」抓住和她見面的機會，也用「秒數」告訴她，我是誰以及我的目的。

老天給我機會，我便把握去做。至於之後會不會成功，就隨順因緣不強求。過幾周之後，我終於接獲蘭萱小姐的助理來電告知，我可以上節目囉。

話說回來，如果我沒有發願要上蘭萱小姐的節目，老天不會設一個局，就是讓我意外看到蘭萱小姐；如果沒有真心想要上蘭萱小姐的節目，又怎能不怕失敗上前搭訕呢！又如果我不識相，沒有讓蘭萱小姐對我有好的第一印象，我怎能讓她接受我的請求上她節目呢？

也就因為有上節目的契機，讓我空中分享的新書內容被盧董事長聽見。如果盧董事長沒有被我的故事感動，他也不會請秘書積極與我聯繫。如果秘書不是我十多年前的老同事，她可能沒有我的電話也就無從找起。如果我對人的連結始末不感興趣，我也就不知道原來盧董事長是聽到我上《蘭萱時間》才來找我的。

這一切的一切都是「善緣好運」。所以我能美夢成真，認識蘭萱小姐與盧董事長，我覺得有三個關鍵。第一，**積極行動的勇氣**；第二，**識人識相的人際心法**；第三，**對人感興趣的態度**。

人生是一連串的驚奇之旅。「**主動積極**」就是廣結善緣；「**幫助別人**」就是廣植福田。當你兩者兼具，就是一位「廣結善緣」與「廣植福田」的兩廣總督。

先嘗試，先行動

上一篇訴說我非常幸運能到中廣上蘭萱小姐的節目。這一篇我要繼續分享，我與另外兩位廣播節目主持人的善緣美事。

第一個故事：

時至二〇二三年開春，我已經連續八年，成為台南古都廣播電台《愛上曉夜班》節目的首位特別來賓。我的好朋友主持人曉君，在每年上班的第一天，希望透過對我的專訪，傳給空中聽眾滿滿的熱情與祝福。認識曉君是朋友介紹。當年，我尚未出書成為作家。曉君從和我的互動之中，覺得我很熱情大方，便邀我上節目聊聊我的人生。或許有曉君給我上節目的機會與練習，讓我爾後出書上廣播打書，如魚得水，優游自在。

曉君除了感受到我的熱情奔放，她也明白我的自律能力非常有一套，才會提出請我每年都上節目的想法。而她的規劃是，讓我在她每年第一個上班日的節目裡，和聽眾分享生活與夢想，藉此激勵大家。我便設定「回顧與前瞻」的主題來聊聊新年新希望。

「回顧」什麼呢？在節目中我會回首自己去年寫下的願望，是否有達成？至於「前瞻」，則有兩個作法。第一個是，我會寫下一句話，當成是我這一年的練習功課。寫下一句話這件事，已經行之多年了。我把我從二〇一一年開始的一句話列出：

二〇一一年，大步邁進，提升新視野。

二〇一二年，凡事感恩，包容力更強。
二〇一三年，蛻變成長，內心更強壯。
二〇一四年，活在當下，珍惜每一刻。
二〇一五年，愛在四方，學會更慈悲。
二〇一六年，真誠分享，傳遞真善美。
二〇一七年，樂在公益，熱心樂助人。
二〇一八年，從心出發，活出新格局。
二〇一九年，雲淡風輕，快樂做自己。
二〇二〇年，功不唐捐，日日漸有功。
二〇二一年，縮小自己，用願景領導。
二〇二二年，轉念自省，臣服與接納。
二〇二三年，用心生活，覺察幸福感。

第二個是，訂定今年想要達成的各項目標，讓自己更有方向與動力。舉二〇二一年為例，我要跑三場馬拉松；我要出版一本書；我要認識十位學有專長的人；我要公益募款一百萬；我要上電影院看二十場電影；我要出國看一場網球比賽等等。藉由目標設定，持續完成未竟之事。

到了年底之後，再來盤點結果。以前述為例，馬拉松因為疫情肆虐沒有達標；出書如期完成；認識十位厲害的咖沒有問題；公益募款順利完募；到電影院看電影，也因為疫情干擾沒有做到。總之這是一種自我期許，也是享受逐夢的樂趣。

節目最後，我都會做一個總結。我想要分享幾年前我曾經說過的結論，這是一個關於「贏」字很適切的組合。我說，每個人都想要「贏」，贏是由五個字組成。首先，要贏，就要先面對「亡」，也就是置之死地而後生，意思就是全力以赴；再來就是「口」，簡單說就是要持續溝通；接著是「月」，引申要有時間管理；後續是「貝」，當然要有賺錢的動機，才會起勁；最後是「凡」，用平常心看待，一切都是最好的安排。

我想，只要曉君持續在廣播圈，她都會持續邀請我上節目啦！

再來分享第二個故事：

二〇二一年的秋天，我出版《不是我人脈廣，只是我對人好》，得到許多好友與讀者的喜愛，讓書持續暢銷至今。

出書後的某一天，我的中部友人傳來一則訊息。他說他早上開車途中，聽到警廣台中台的節目主持人鄭晴小姐在空中分享我的新書文章。問我認識鄭晴否？

我回訊告訴朋友，我不認識主持人，但是真心謝謝她的分享。我能做的，就是趕緊加她臉書，親自發私訊向她說感恩。

或許「感恩」是宇宙最強大的力量，又或許鄭晴與我都是「熱情」之人。就這樣，經過有來有往的訊息聯繫，九座廣播金鐘獎的名主持人鄭晴小姐邀請我上她的節目，分享一集「職場大小事」。因為我的主動積極，讓我們從平行時空產生交集，不僅見了面，也在節目中聊了近一小時，好不暢快。

我告訴鄭晴，我上遍了國內各大廣播電台的節目，就是從來沒有上過警廣。今天也算是插旗成功，補足了另一個版圖。鄭晴告訴我說，她早就想要邀請職場作家來上節目，幫她的上班族聽眾解惑。原來，宇宙自有安排，我的積極度加上鄭晴的渴望度，造就這段善緣好運。

也因為有這一回合的良善互動，鄭晴主動提議請我二〇二二年整年度的時間，安排每個月兩次到她的節目分享職場議題，主題就訂為「樂活職場學」。每一集要聊的內容架構由我決定。我不假思索回她：「沒問題，這個我可以。」我心想，許多作家在雜誌上用筆「寫專欄」，而我能在廣播中用口「聊職場」，也算是另類的成就。

也因為一整年都要上鄭晴節目的緣故，讓我只要早上車行在中部，我都會聽她的節目，也就變成鄭晴的大粉絲。我發現鄭晴能得數座金鐘獎絕非浪得虛名，真有幾把刷子。她的聲音甜美爽朗；播報路況清晰明白；選播歌曲好聽易哼，更好玩的是，鄭晴講冷笑話功力一絕，總能讓我在車上莞爾一笑。

扣除幾次我因公務繁忙無法上節目，我在二〇二二一整年扎扎實實的上鄭晴節目將近二十次。我從第一集聊「什麼是好工作」；第二集談「時間管理」；第三集分享「認識自己的四個步驟」，一直到歲末年底，因為與聽眾愈來愈熟，開始直球對決，讓他們線上提問，直接回答聽眾的職場疑問。最後一集，是教導聽眾如何與老闆（主管）做好績效面談，讓自己得到好考績。

當然，也趁最後一次上節目，向聽眾說聲謝謝。也感恩鄭晴讓我有機會藉由空中發聲，傳遞我的職場觀念。

有趣吧！從曉君到鄭晴的善緣美事，讓你體會到什麼？我的心得是：「**先嘗試，就有機會成事；先行動，就有可能出眾。**」

人生的「時間價值」

就是不能重來，才顯時光寶貴。

十多年前，我曾在雜誌上，讀過104人力銀行董事長楊基寬先生寫過一篇文章。標題是「七千萬的工作」。大意就是，一位老闆給你七千萬，請你從此之後不要轉職，只為他效勞，你願意嗎？

七千萬，等同一個社會新鮮人從二十五歲工作到六十歲，總共上班三十五年，每年都有穩定的年薪兩百萬可領。

文中的內容提出，經過問卷調查，超過四十歲的人，幾乎都會接受這筆交易。三十到四十歲的人，有一半同意一半拒絕。三十歲以下的年輕人，超過大半都會斷然拒絕。

你願意嗎？你想想看，在邊想之際，也聽聽我的意見。我覺得會不會接受，跟「年紀」有關，也跟「個性」有關。

從投資學的「時間價值」比喻可知，人的期望會隨著時間的流逝，而讓選擇的機會愈來愈少。反的來說，當時間愈多，選擇的權利價值就愈高。

所以囉，年紀愈大的人，離退休愈近的人，自覺爾後歲月，很難再靠神奇的魔法術賺進七千萬，當然他願意成交這筆買賣。可是年輕人會覺得自己青春一片大好，有無限可能，很有機會賺進七億，幹嘛只拿七千萬呢？

個性保守、不愛變動的人，他大抵知道，年薪兩百萬是上班族非常優渥的薪水，不拿太可惜，簡直對不起自己。但對於喜歡挑戰、冒險進取的人，「不自由，毋寧死！」他大概不願意被綁架。

如果把「年紀大小」與「個性差異」畫成四個象限來看，年紀很輕、個性很衝的人，一定斷然拒絕這筆交易；年紀很大、個性求穩，百分之百接受這樁買賣。至於年紀尚輕、但生性保守的人與年紀已大、但還是喜愛冒險的人，願不願意用七千萬賣斷自己的職涯選擇權，則是未定之數。

好了。換你告訴我，你願意拿七千萬，從此不換工作嗎？換與不換的理由，都請你寫下來，然後等過了幾年之後，再看看答案會不會改變。

接著，換我告訴你，如果我面臨這個抉擇，我到底接不接受。答案是「不一定」。請讀者不要對我翻白眼，好像我在耍你。其實不是的，只要你繼續看完我的分析，就懂我為何會這麼說了。

依先前的分析，我年紀雖已半百，理應接受這條件。但又因個性不愛被束縛，所以會拒絕這交易。如果最終之於我，一定要選「要」或「不要」，我會想要在「年紀」、「個性」之外，再創造一個變數，就是我有多喜愛這個工作！

我的看法是，如果我真心喜歡這份工作，我會接受七千萬的交易。如果要我做的工作是我不喜歡的，也感覺痛苦的，我則不會接受。當然有一種情況是例外的，就是非常缺錢，沒有這筆錢會死掉，那就接受吧。

撇開缺錢缺得要死的原因不說，說到底，一個人選擇工作所換得的代價，除了金錢以外，應該就是做這份工作的成就感了。做自己熱愛的工作有錢賺，又有成就感，會是幸福的人。也因此，我常鼓勵社會新鮮人趁年輕之際，勇闖天涯，試圖從各種工作型態中，找到自己的真愛。工作不分貴賤，只要真心喜愛，就能做得自在。自在便能長久，久之便是愛之。

這些年，「斜槓（Slash）」一詞，大行其道。許多年輕人不在只對專一職業效忠，想要藉由自己擁有的多項才華，獲取多重角色。比如，有人從小學音樂，音樂老師是他的身分，但他也喜歡寫作，出版幾本書之後，順理成章當上作家。「老師／作家」就是他的斜槓標籤。所以說，斜槓的定義就是不只擁有一種身分的人。

有一回，高雄醫學大學負責職涯講座的嘉雯傳訊息問我，可否在校內開設一堂

「斜槓課」。嘉雯發現，現在的大學生喜歡聊「斜槓」這個議題，彷彿能夠斜槓是一種成就。對於這種現象，我也甚覺有趣，便答應這場講座。

「人生只有一次，為什麼不斜槓？」是嘉雯給我的演講題目。這個議題算是我第一次分享。花了我不少時間準備。我提出要成為「斜槓青年」應具備的五大元素。分別是：

一、**知道自己要什麼**：這是一開始最重要的初衷。也就是說，不要為了斜槓而斜槓。應該在探索自己的內在，真正了解自己想要的是什麼之後，再往斜槓之路邁進。「斜槓」與「兼職」最大的不同是，**斜槓以興趣當出發點；兼職以營利為目的地**。興趣比較能長久，賺錢會有疲乏感。**斜槓以豐富人生為核心；兼職以開創新收入為手段**。兩者實有很大的不一樣。

二、**時間管理要很強**：如果要當一位優質的斜槓青年，時間的掌握與資源的分配是非常重要的。由於角色扮演都是鮮明立體的，勢必要比一般人投入更多刻意練習的時間。我舉職棒明星大谷翔平的例子，他又要打擊，也要投球，如何轉換角色，才能恰如其分，便是功課。

三、**願意成為外向者**：這一點是我特別提醒大學生的。我告訴他們，外向的人比較有機會連結到更多的外部資源，也比較容易被看見。在學校多參加社團，也樂意擔任幹部，並多練習口語表達，都是成為外向的方法。

四、**學習成長意願高**：我告訴學生，沒有一位斜槓的人是不熱愛學習的。不管幾歲的人生，活到老，學到老都是保持斜槓競爭力的關鍵指標。成為熱愛學習的人，哪怕有一天他不斜槓了，他都會是原先領域的專家。

五、**某一身分夠鮮明**：先把第一角色扮演好，然後再持續追求其他身分的標籤，才能在穩固的基礎下，成為好的斜槓青年。千萬不要蜻蜓點水，樣樣通，樣樣鬆，反而沒有立基點可言。

最終，我告訴同學，**斜槓的終極目標是打開自己的心扉，尋找自己的天賦熱情，進而成為更完整的自己**。能玩出斜槓證明自己有兩把刷子，沒有斜槓也不代表自己是傻子。只要開心生活，就是美好人生。

失敗根本沒什麼大不了

成功人人想要，搞砸不是毒藥。

你聽過搞砸之夜（Fuckup Nights）嗎？在我還沒有收到遠方友人Emily傳來的一封邀請信之前，我真的沒有聽過。

搞砸之夜起源於二〇一二年的墨西哥。這是一個配著啤酒，讓台上講者分享失敗經驗，然後對台下聽眾大聲疾呼，千萬不要忘了前車之鑑，要記取教訓，也記得要重新站起來的激勵晚會。台灣於二〇一五年十二月獲得授權，正式將搞砸之夜在台北舉辦。

活動不走傳統的成功商業套路，反而用詼諧、幽默、互相調侃的方式，訴說自身失敗的種種。這種反其道而行的慶祝模式，深受市井小民喜愛，進而在全球一百多個國家陸續開枝散葉，蔚為風潮。「**成功實屬偶然，失敗卻為常態**」是搞砸之夜的核心精神。

當我知道這世界上，竟有專為「失敗」所舉辦的聚會，而且還要在眾人面求大方聊不堪的過往，我真心覺得太有趣了。是啊！這個社會總是教我們如何才能成功，卻刻意忽略失敗才能帶來的成功優勢。

Emily在信中是這麼告訴我的：「擔任唯賀公司的總經理之後，為何堅持頻繁下鄉？在掌握營運情況和店長在經營的溝通和理念上，曾遇到怎麼樣的困難呢？有別於一般平價義大利麵的餐廳，NU PASTA堅持要有五星級的品質與服務，在整個過程的最大挑戰為何呢？或在經營過程中是否有發生過不如預期卻值得學習的經驗呢？」

如你看了這段話，你應該會覺得Emily應該跟我是多年朋友，否則她怎麼會知道我頻頻下鄉考察門店，又怎對我公司的經營理念如此熟悉呢？實則不然，我與Emily尚未謀面，她曾經在線上聽過我的演講，以及我們有好幾位共同好友，後來彼此加了臉書就這樣而已。

我們之所以會愈來愈熟，有兩個原因。第一，她會向我請益職場與人際關係的議題，而且問題都問得很深，甚至她會提出自己的見解，請我評論，讓我印象深刻。比如，她會問我，如何區分「討好」與「只是對人好」的差異之類的問題？第二，因為Emily問的問題多元且深入，我怕我文字表達不夠完整，所以我和Emily通過幾次電話，當然也就熟了。

這場活動，我躍躍欲試，非常期待。期待的原因可以跟我長期分享成功故事，突然可以對聽眾聊聊失敗經驗感到雀躍吧！

活動一開始，我用兩段話，向台下聽眾表達，我對「成功」與「失敗」的認知。我說：

可以用失敗來創造成功，
不要用成功來嘲笑失敗，
失敗是成功的最大幸福，
成功是失敗的最大祝福。

述說人生的成功，
是對過去感恩鞠躬。
述說人生的失敗，
是對未來成長禮拜。

念完這段話之後，我就隨手拿起桌邊的一罐啤酒，向台下的聽眾說：「來吧！喝一口……」聽眾見狀，也就從善如流，一起開心開喝。

這是搞砸之夜的主持人教會我的一件事。主持人告訴我，來參加這個活動的聽眾，受夠了教條式的成功法則，他們需要被解放，需要被刺激，而台上的講者就是要讓台下的人嗨起來。我覺得我聽懂了。我忖思，只要我每講一小段的內容，就讓他們喝酒就對了。因為今晚的啤酒，無限暢飲。

當晚，有主持人的歡樂帶動，再加上我頻頻對台下的聽眾說：「喝吧！」的確讓這場活動帶來很「綜藝」的效果。經過這場活動之後，我時不時就在想，為什麼世人對遭受失敗，挫折跌倒，總是嚴肅看待。能不能也學學搞砸之夜，放輕鬆些，一起用「失敗根本沒什麼大不了」的態度去看待它即可。

雖然，這場搞砸之夜我聊的是我公司的搞砸原因與面臨的困境挑戰，但回望我們自己的人生，又何嘗不是如此呢？我們都會失敗，甚至常常失敗。面對失敗的態度，比起一直成功的要素，可能來得更加值錢與珍貴。

搞砸之夜結束後的一星期，恰巧有一場對年輕人的職涯演講，我趁機分享了這個有趣的活動。為了讓聽眾印象深刻，對失敗能夠用「雲淡風輕」的態度去看待，我用我自己搞砸的三個故事做分享。

第一個，是關於「田徑比賽失敗」的經驗。我說，我在高中三年級時，代表班上參加全校運動會的四百公尺競賽，原先我跑得不差，大概就是數二數三。可能得牌心切，最後一百公尺，竟然力不從心，當場往前跌倒。可想而知，在眾目睽睽，表演仆街秀，是一件多麼丟臉的事。這個超過三十多年前的往事，我一直沒有勇氣告訴別人，經由搞砸之夜的洗禮，我突然覺得拿出來講很適切，也覺得讓大家笑笑挺好的。

第二個，是關於「會計學被當」的經驗。這個故事雖然在我的書中聊過，但還是很值得提出來。當年，我讀大一時，會計學被老師當掉，等到大二，要與學弟妹一起修這門課感到非常羞愧。後來自己發憤圖強，認真學好會計，終究高分過關。甚至，我出社會之後，所從事的第一份工作，就是擔任財務會計的工作。這真的證明，從哪裡跌倒，就從哪裡爬起來的最佳案例。

第三個，是關於「放款被倒帳」的經驗。這是發生在我擔任銀行分行經理年代的故事。有一回，我的企業授信戶，突然無預警的跳票跑路，讓我與同事急著去追款項，無奈人去樓空，最終讓公司蒙受一筆損失。或許承辦放款業務，被倒帳也是正常的，但因為這筆金額為數不小，雖然有擔保品可以抵押拍賣，終究無法十足保全。這個案例，事後讓我確信，與其只看企業財報的數字，不如好好認識企業負責人來得更實在。

我告訴台下的年輕人，經過我多年的體悟，我真心覺得，愈年輕搞砸愈好，因為時間是本錢，一定可以東山再起。千萬不要害怕被笑就裹足不前，也不要讓失敗的陰影一直干擾心志，成為絆腳石。或許就該學學搞砸之夜，在每次搞砸過後，想一想，這件事在自己的人生帶來什麼啟發？然後買瓶啤酒，向搞砸乾杯。

我確信，**搞砸無罪，搞砸還不承認才有罪**。

一位熱情老爸寫給兒女的家書

民國八十二年，我就讀元智大學企管系，三十年後，有幸得到元智大學管理學院傑出校友獎。

回學校領獎的當天，我從體育館吃完校友總會舉辦的午宴之後，開始漫步校園，意圖多看看母校的風情與變化。當年我就讀時，學校的主建物仍少，隨著新科系的成立，學生愈來愈多，建築物也就一棟一棟的蓋起來。

我從學校最內端往校門口走去，看到操場聚滿人潮，原來學弟妹正在比賽大隊接力，每個大學生都露出既緊張又興奮的臉龐為自己與系上的隊友們加油。「啊！這種年輕飛揚的笑容真是燦爛。」我邊走邊看著操場的競賽，也邊回憶自己揮汗如雨的青春年華。

走著走著，我走到紅磚道上，一排園遊會的攤子正在販售各式各樣的食物，讓學子可以補充飢腸轆轆的體力。我刻意走到過去多數時間陪伴我上課最久的元智三館坐了下來，回想當年上著會計學、經濟學、統計學，與老師對話的記憶。

當年，會考上元智大學實屬意外。因為我就讀的企管系是第一屆，沒有往年的分數落點分析，就這麼因緣巧合的填上了。「既來之，則安之」，我甘之如飴的接受命運之神的安排。開學前一天，我的父母親特意陪我北上到桃園，開著自家的大貨車載著行李與腳踏車到宿舍。

我永遠記得那一幕與當下的心情，當爸媽協助我安置好宿舍衣物，我們一起從宿舍七樓搭電梯下樓，他們上車要開回台南老家，彼此要說再見之際，我的心情稍有糾結。我知道我要在這生活四年，離家有點遠，不能常見家人，是我思緒複雜的主因。

我和時下的年輕人有點不同，我戀家也喜歡與父母相處。或許和我的家庭背景與教育模式有關。我的爸媽只有小學畢業，對於孩子的功課並沒有太大的要求，他們只希望我們兄弟姊妹不要變壞，有好的品德即可。所以，我從小就沒有成績的壓力，至於要不要補習也都是依自己的決定。

在民國八十年初期，沒有手機只有B.B. Call，沒有網路吃到飽只有公共電話可打的年代，離家三百里的我，幾乎每天都會打電話回家聽聽家人的聲音。因為我的父親是貨車搬運司機，我打從國中時期就必須成為他的隨車小弟，一起搬運重物。就是知道這份工作很辛苦，我索性在大四下學期，搬回台南老家，開始過著一周兩天在校上課，其餘五天幫我父親搬貨的通學之旅。雖然談不上孝順，只是親情的陪伴，但這都讓我永難忘懷。

很慶幸的，在元智四年的修課過程，我接受到老師的紮實訓練，也讓我贏在職場的起跑點。

在校期間，我的成績只是中等普通。但是出了社會之後，因為愛上閱讀與熱愛學習新事物，讓我的職涯充滿競爭力。我忖思為何會有這個轉折，我覺得可能跟我在學期間，時常跑圖書館找資料，做研究有關係。

為何會常跑圖書館呢？這又跟老師要求學生做的作業與報告有關。在那四年的大學生涯，老師不希望我們只是會考試而已，要我們成為一位懂得思考思辨的大人。老師請我們交的作業，或許都沒有標準答案，需要我們大量的找資料做分析，透過歸納與整理，責成一份有系統與邏輯的報告。

我的「管理學」教授是陳怡之老師。我記得老師在課堂上講了一段讓我印象深刻的人生思維理論。她說，世界充滿變化，一定要有運籌帷幄的能力，才能面對改變，解決問題。**上等人**，懂得**「經營」改變**，決戰千里之外，容易致勝；**一般人**，敞開心胸，願意**「迎接」改變**就很不錯了；**下等人**，只能**被動「應」變**，就會有被淘汰的風險。「營變」、「迎變」、「應變」念音相似，但結果大不同。

近十年，因為出版幾本關於職場的書籍，也就有機會回到學校擔任職涯講座的講師。我都會對學弟妹說，好好珍惜大學時光，那會是人生中最精華的黃金歲月。可以好好讀書，談場戀愛，玩玩社團，也可以規劃一場壯遊的旅行，甚至開始大膽創業都是難忘的記憶。

對我而言，我很享受過去那四年的大學美好時光。不敢說沒有浪費，但真的很充實。我非常認同一句話：「我荒廢的今日，正是昨日殞身之人所祈求的明日。」四年一瞬，轉眼即逝啊。

起身離開三館，走到圓環處，看到一個與人齊高的YZU（元智大學英文簡稱）地標造型物。心想，午後陽光大好，天氣藍天白雲，應該要與這個充分代表學校意涵的藝術品合照才是。

我是人際關係熟手，所以找人幫我拍照一點也不害羞。我眼尖看到一位胸前揹著單眼相機的男同學從我前方走來。我馬上叫住他，請他幫我拍照。我告訴這位學弟，我是元智的校友，今天來參加元智大學校慶，期待留下一張值得記憶的照片。這位學弟拍照果然有一套，知道怎麼拍才上相，就這樣，在他的引導下，他幫我拍了三張我自覺還不賴的照片。

我是一個大方的人。學弟幫我拍照，送他一本我的簽名書也就只是剛好而已。他直呼賺到了，我告訴學弟，感恩別人，也樂意助人，是我的生活之道。我們小聊片刻，告辭前，彼此加了臉書，確保爾後的人生可以繼續聯絡。這位學弟，家住高雄，原先考上國立大學的某科系，後來發現興趣不符，才重考到元智就學。「人生嘛！不會一路都一帆風順，知道自己要什麼比較重要，不怕重來，只怕不重來。」這是我最後對學弟所講的一段話。

時光輪轉，我的兒子、女兒也陸續成為大學新鮮人。身為老爸的我，總是多愁善感，想要對孩子耳提面命一番。一樣的，如同我爸媽對我一般，我不會對孩子要求成績，但我希望孩子可以懂三件事。這也是我寫給我小孩的家書：

第一，認真找到自己的天賦與興趣。藉由課堂的學習與專業素養的養成，深入自己的內心世界，問問自己未來最想要做的事情是什麼？老爸不怕你一直改志向，只怕你一直沒志向。多嘗試，才能成事，也適用在你當學生的身分上。

第二，多和老師與同學產生連結。大學四年，換到新的環境生活，必須重新適應，尤其大一住在學校宿舍，會強迫你要與新同學打成一片，這是一種成長歷程，對於考驗你人際關係好壞，有著決定性的影響。建議你，一開始就對同學展現熱情的親和力，老師與同學也會被你的笑容感染的。

第三，適應沒有爸媽打理生活的日子。十八歲的你，獨自離家生活是頭一遭。要自己打理自己的三餐與起居，要接受許多你以前叫爸媽就有答案，但現在卻沒人理你的窘境。總之，你要對自己的行為負起責任，也要慢慢體會和適應這個社會有時和你想的不一樣的落差。關於這些失落與挫折，都是成長的印記，爸媽不能幫你承受，只能靠你自己走過。

這趟緣自元智之旅，讓我想起過往的種種。人生啊，真的充滿驚喜與樂趣。

輯三——不做最厲害的專家，做最自在的玩家

人生不僅好玩，還能快樂做自己

「我從不覺得我付出了什麼，倒是覺得我收穫了很多。我只不過是個小小平凡的家庭主婦，希望在我還是『人』的時候，能盡我所能的去學習。」這是我認識一位新朋友，年約六十幾的女士，加了臉書之後，她傳給我私訊的內容。

認識這位大姐的緣分是在一場我的講座。當演講結束時，她走到我面前，告訴我說，她想要買我的書十本，送給監獄的受刑人。有人在素昧平生聽完演講就開口買書，我當然開心，但聽到要買書送到監獄，我還是頭一遭遇到。送學校，送圖書館的，倒是很多。

原來，這位大姐長期在監獄當志工，她覺得我分享的故事充滿正向樂觀，也有佛法思維，才讓她想要買來送給受刑人。她補充說，其實這些受刑人本質不是不好，只是一時心念斜了，路走歪了，如果給他們正確的觀念與指引，還是有救的。

講到「監獄」，你會想到什麼？我腦海迸出「被時時監控、很狹小的空間、很黑暗的環境」等等關鍵字。當然，會到監獄的受刑人，一定是犯了某些罪刑，才會至此。「自由」應該是他們最想要聞到的空氣。

和大姐聊了五分鐘之後，我告訴她，如果機緣成熟，能力也被認可，我想要到監獄對受刑人分享一堂課，希望用我的熱情好故事，讓大家共鳴共感。大姐聽到後，露出開心樣。她說她樂於轉達我的想法給獄方。

我會想去監獄演講有兩個原因，其一，這輩子從沒到過監獄，能用正常的身分走進去應該很酷；其二，我喜歡幫助別人，若演講內容能讓受刑人變好，我很開心。

想不到，幾周後，我接到一通來自監獄公務員林大哥的電話。林大哥告訴我，有監獄的志工向他推薦我對受刑人演講，經由評估後，覺得恰當，希望我可以前去演講。當下，我非常感動，這十多年來，演講場合不是學校就是社團與企業居多，竟然也有機會走入監獄分享人生，這是我的榮幸啊。

為此，我準備教案多日，也一直思索著，什麼樣的故事可以打動這群聽眾，讓他們知道，出獄後，人生還是非常美好有曙光的。這是我多年來，演講口碑還算頗受好評的原因。就是了解聽眾的心態，給予值得學習與感同身受的內容。

活到半百人生，我的確認識幾位更生人朋友。有些人持續意志消沉，沒有作為；有些則早已歸零開始，洗心革面。我深切感覺箇中差異都在一念之間。星雲大師曾說：「一念入暗，無間地獄；一念慈悲，自利利他。」我也因為讀了大師的好書寫下：「**心向陽，生活喜洋洋；人向善，生命離苦難**。」這字句自勉。

監獄位於深山。我開車左轉右轉順著指示箭頭走，終於開到大門口。想當然爾，監獄是戒備森嚴的地方，若沒有獄方早先的通報與允許，我是不能進去的。我下車接受嚴密的安全檢查，最後還要把手機交給管理員暫時保管才能進去。

此生，我終於第一次踏進監獄大門，心中五味雜陳。一會兒的時間，監長與林大哥很快的就前來迎接我，我們短暫寒暄，便開啟了這場極具意義，也讓我終身難忘的演講。

這群兄弟（這樣稱呼感覺比較親切），年紀分布很廣，這是我第一眼馬上判斷出來的。他們接受管理員的指示，魚貫且很有紀律地坐在座位上。我從他們眼神彷彿看見，在等一下兩個小時的演講時間，他們的身心靈都是自由沒有禁錮的。這種自由度的體會，絕對不會是住在監獄外的我們所能體會的。

兩小時的演講，真的不夠我用。我賣力地講，也盡情地分享，只為讓兄弟們知道，人生不僅好玩，也能快樂地做自己。我想要分享，我從這場演講當中，發現的五個體會。

第一，自由是可貴的幸福：他們必須接受控管，我們則是隨心所欲。這是南轅北轍的人生。只有失去自由，才知道不能到此一遊的痛苦。

第二，痛苦是比較出來的：有時候，我們會抱怨；有時候，我們會悲傷。之前我都會說到醫院走一遭，可能比較會珍惜現在的人生。現在我還會說，到監獄看一回就知道，我們該慶幸自己還有規劃人生的掌控權。

第三，人人都該要有夢想：演講中，我提及我的「夢想」種種，也告訴他們，未來出獄之後，大家也要朝著自己的夢想前進。在Q&A時，一位聽眾竟然問我關於夢想的一些問題。這讓我知道，這群受刑人也都有懷著夢想。

第四，不貳過其實不容易：做錯事，遭到處罰是應該的。但一定要記取教訓，避免重蹈覆轍才是關鍵。林大哥告訴我，監獄的累犯不少，最大的原因還是沒有深切反省，痛定思痛，才會再度淪為階下囚。這讓我想到，顏回能夠不貳過，真的不簡單。

第五，沒有干擾帶來專注：這是我演講百場以來最有成就感的一場。倒不是因為我頭一遭到監獄開講，而是大家都沒有手機，也就不能滑手機，只能專心聽講。

演講結束後，我告訴台下兄弟說：「很高興很大家結善緣，雖然只有短短的兩小時，但我很珍惜有機會來這邊和大家分享熱情。祝福大家出獄的日子，都能重新開始，愈來愈好。」

語畢，現場響起如雷的掌聲。那種使勁拍手響徹雲霄的聲音，是我此生聽過最美妙的交響曲。美好人生的定義：「**以愛心為基礎，以關懷為核心，以利他為初衷。**」

這是我晚上回到家，為這場演講所寫下的心得語錄。

人生的偶陣雨，只是陪襯

在大雨滂沱中跑步，會怎樣？淋成落湯雞啊！

我是如此幸運，在鄉下的農田產業道路跑步，遇到一陣大雷雨，卻沒有淋成落湯雞。原因何在？因為羊腸小徑旁有農舍的屋簷可躲雨。

年少時，好逞強，不管雨再大，都是衝；年長後，知進退，前方烏雲密布，就是躲。為何會有如此轉變呢？答案是：「心境」。

心境是人的心理狀態，會隨著年紀漸長、見識愈多、情緒起伏而有所不同。但總的來說，活愈久，看愈多，對「外在」事物的變化會更有「內在」的體悟。所以古人說：「薑是老的辣」；「不聽老人言，吃虧在眼前」就是這個意思。

一天一天的過。年輕人會說，我一天一天的長大；年長者會說，我一天一天的變老。這都是日子，也是時光，更是歲月。只是「心境」大不同。

一天一天的過。有目標的人會說，時間讓我夢想成真；沒目標的人會說，時間太無情。這都是經歷，也是選擇，更是信念。只是「心境」大不同。

這世界你選擇孤獨，是因為你心境鬱卒；這世界你選擇幸福，是因為你心境知足。心寬，則視野大；心窄，則世界小。關鍵，在於心境。心境，源自於愛。心中有愛，生活會比較快樂，生命也就能充滿幸福感。

躲進屋簷下的我，看著天空飄著大雨，起的不是煩惱心，抱怨老天讓我跑步跑到一半被中斷。我起的是歡喜心，感恩在大雨來臨之前，剛好有小屋簷讓我來得及躲雨。

這場雨是典型的午後雷陣雨。天空一半是亮的，一半是黑的。我只是比較不湊巧，正好位在暗的那一方。但這不是我要的選擇，我喜歡光，熱愛明亮，只是大自然把這一片烏雲剛好吹到我的頭上。也就是說，自然界的運作，不是我們人能控制的，唯一我們能做的，就是接受它，臣服它，然後對這個結果找出一個合宜對策，執行它，以便繼續未竟的人生。

遠方的田裡，我看到幾位農夫冒雨還在田裡工作，或許是搶收吧！我雙手合十，祝福他們與他們的農作物無恙。此時我心中又有另一種聲音響起，快樂與痛苦真的都是比較出來的。我雖不幸，遇到一陣大雨；我很幸運，不用在田裡被風雨侵襲。

看雨漸歇，我又起跑。雖然鞋子會沾泥骯髒，但呼吸著被雨刷過的沁涼空氣，夾雜土壤時不時冒出的草味，這般再出發的心情更加愉悅。因為雨讓我停下來休息，而休息是讓我跑更遠的路的最好方法。

跑啊跑，跳啊跳，彷彿我與自然再度融合，當下的身心獲得解放，也充分療癒。

就在喜悅當中不出十分鐘，我仰頭一看，烏雲再度密布，朝我襲擊而來。心中忖思，不會吧！難道要二次躲雨。

關於「屋漏偏逢連夜雨」這種鳥事你怎麼看待？是自怨自艾，暴怒遷就，還是既來之，則安之的心態呢？我選擇後者，心中想著，老天對我真好，要我不斷破關，讓我變得更強。因為已經發生了，抱怨也沒用，何不用正向心態面對它，讓它不成為陰影。

「陰影」是一種暗黑之地，一般人容易放大，也深受恐懼。處理它最好的方法，就是讓自己勇敢的面對陽光，它自然無法對你產生傷害。

果不其然，雨淅瀝嘩啦又下了下來，我看到前方兩百公尺還有一個遮蔽處，是一個開放式的簡陋工寮。我加緊速度，趕前衝去，至少身體少被淋濕，還是比較不會狼狽不堪。

快跑到這個不到五坪大的工寮，眼前發現，裡面早有一位阿公騎著機車亦在這躲雨。我對他示意，我也是來暫躲的，他對我點點頭，彷彿說明，我們都是被雨給逼來的。

這下有趣了，我與阿公獨處開放一室，不聊天行嗎？沒錯，一定要聊天的，否則我會很難受。生活既然是一場熱情的遊戲，老天把我派到此處，我就要把這份遊戲玩個痛快。

陌生聊天的起手式不是趕緊破冰，而是要先觀察。觀察包含空白時間。也就是說，不用急於說話，等個一兩分鐘，了解所處環境之後再開口。

我發現這位阿公的機車很老舊（至少二十年）。讓我找到可以切入的點。我問阿公，這台機車的車齡應該很久了吧！阿公馬上說出二十多年了。接著我便讚美他說：「您一定是一位很愛惜東西的長輩。」他用微笑回我。

有好的開始，接下來的聊天攻勢，讓我勢如破竹，如入無人之境，大獲全勝。簡言之，我的第一印象讓阿公感覺極好，讓他願意話匣子打開與我暢談。

阿公八十六歲，屏東恆春人，家中有五位兄弟，他排老四。三十多年前，因為必須打零工，輾轉到台南新市的鄉下租屋定居。阿公沒有結婚，孤家寡人自己生活，他的親兄弟都已過世，獨留他一人。有親戚，都在恆春，但已不親；有朋友，住在附近，鮮少往來。

眼前這位阿公，就是獨居老人的代表。

關於老，關於孤獨，都是人生功課。這些議題都是未來的社會顯學。我問阿公，活到現在最大的感想是什麼？阿公思索三秒，告訴我說：「平安快樂就是福。」言簡意賅，輕描淡寫，但我全然體會，雖然我才半百，領略如是啊。

我們約莫聊了十分鐘，雖然雨勢尚未緩和，但阿公的心情卻是開心的。再次證明，我的熱情與幽默可以讓阿公塵封已久的幸福感死灰復燃，讓他充滿生氣，快樂無比。

再過幾分鐘，雨勢變弱，我告訴阿公，趕緊趁著空檔騎車回家吧。而我，也即將繼續跑下去，完成這趟農田路跑之旅。

當我三度出發，心中依舊雀躍。心中想著人生好似天氣，晴時多雲偶陣雨。**陣雨只是陪襯，猶如亂流，終將過去；晴天才是王道，該是主流，燦爛光輝。**

我真的沒有淋成落湯雞，卻因這陣大雷雨，寫出一篇心靈雞湯。希望讀者喝完之後，可以強筋補血，活力充沛，成為一位快樂的生活玩家。

閱讀是複利的成長回報

若要追溯我到圖書館演講的濫觴，應該是從二〇一六年開始。當年，位處偏鄉之區的將軍圖書館承辦人員佩芬找我，希望我能針對青少年的理財常識舉辦一場講座。可能我當時分享的內容頗受好評，那一次的演講，讓台南市的圖書館承辦人員開始口耳相傳，打開我在台南偏鄉圖書館的名氣，包括龍崎、後壁、學甲，之後都找我去講。接著後面幾年的時光，在台南人口較多的圖書館也相繼邀約。包括安平、市圖、新市、善化等。

台南的圖書館和我緣分最深的，就屬善化圖書館。原因很簡單，因為我連續四年（二〇一九年～二〇二二年）都去開講。回顧那四年在善化圖書館的演講歷程，我赫然發現每一年都有好故事值得分享，且聽我娓娓道來吧！

二〇一九年，我第一次到善化圖書館，演講的主題是「預約更好的自己」。當天，一進圖書館，志工媽媽就拿一封信給我，說是我的朋友要給我的。我一頭霧水問這位朋友的名字？志工媽媽告訴我說是「阮麗君」。

這下我更納悶了。我快速的從腦海裡掃過叫「麗君」的朋友，就是想不起來阮麗君這個名字啊。在邊想的狀態下，我拆開了這封信，裡面有一張明信片與一張名片。

後來我了解了。這位麗君原來是我前些日子在房仲業大型演講的一位聽眾。麗君家住善化，離圖書館很近。本來要參加今天的活動，因為突發有事無法前來，遂寫卡片問候我，並向我致意。

麗君是越南嫁來台灣的新住民。她在房仲業算是一位業務新兵。之前聽到我演講說，在現在網路社群發達年代，用手寫卡片更有機會帶來客戶的感動與認同。她便如法炮製，寫了這張明信片給我，祝福我演講順利。

是啊，我被麗君的行為感動到了。我發揮業務精神，很快的就用臉書找到她，並私訊向她說謝謝。這個故事給我的啟發是，一場好的演講，真的可以改變一個人的思想與行為。這也是我一直講下去的關鍵。

二〇二〇年，我第二次到善化圖書館，演講的主題是「閱讀如何使人生更精采」。關於閱讀這個題目是我第一次講，所以我花了好多時間準備資料。圖書館承辦人員宥蓁告訴我，這場報名人數是爆滿的，讓我有些吃驚。原來，大眾還是喜歡聽閱讀的主題。

我是從出社會工作才開始愛上「閱讀」的。回到學生時代，為了考試而讀，有目的；為了拿學分畢業，有壓力，這都是讓我閱讀不夠盡興的原因。開始工作之後，為了讓自己更專業而讀，有效率；為了解決問題而讀，有動力。總之，現在的我，可以讀自己想讀的書籍，看自己想看的文章，非常愜意痛快。

在這場講座裡，我點出三位對我「閱讀」產生致關重大的好友，分別是蔡詩萍、凌性傑、江巧文。很巧的，他們三位幾乎在同一時期出現在我的生命裡。

詩萍大哥是我認識多年的好友。十多年前，佛光山南台別院的師父請我邀請詩萍大哥來演講，也因為我樂意幫師父這個小忙，讓寺裡的師父一直請託我持續幫忙找講師，才有後面數百位講者的邀約都請我協助。這得以讓我不斷有與作家認識的機會。可想而知，認識愈多的文壇大咖，離閱讀的距離就愈近。

性傑更是讓我愛上閱讀的推手。性傑的詩與散文讓我著迷。因為認識性傑後，他更是鼓勵我多寫多分享。記得有一次性傑下來台南，剛好我寫了一篇文章要投稿，我便請性傑幫我看看有無需要修改之處。當時，性傑向我說了許多建議之處，但我只記得最後他說的這句話，而我相信就是這句話，讓自己更有信心走向作家之路。他說：「家德，有一天你也可以當作家，用文字影響更多的人。」所以，性傑絕對是我成為作家的貴人。

巧文的重要性是有趣的。要不是當年認識她，我也不會執行「光陰地圖」這個好玩的日記工程。每天寫部落格與臉書，厚實文筆底蘊，讓我精進寫作能力。基於想要寫更多有內涵的文章，閱讀也就變成標準配備。

關於這場演講帶給我的啟發是，讓我有機會回顧我走上作家之路的三位貴人，我終生感恩。而對於閱讀所帶來的美好，我感受到那是一種複利的成長回報。閱讀絕對是世上最便宜的投資，快去愛上它吧！

二〇二一年，我第三次到善化圖書館，演講的主題是「利己到利他的人脈學」。這場講座延續去年人潮鼎盛的氣勢，很快地就大爆滿，還造成一些朋友無法報名成功真是抱歉。總之，非常謝謝台南鄉親的支持。

演講的時間是假日早晨，所以圖書館的閱覽區有很多人。我看到有些學生專心念書；一群小朋友面露幸福樣的翻閱童書，幾位老人正在看報紙，也有民眾正在看書或借書，整個圖書館安靜不喧譁，充滿書香氣息。我喜歡這種氛圍，讓書包圍，因書而富。

在這場講座發生一個很有趣的事情，值得分享出來。

就在這場演講的兩年前，我在台南麻豆的一家餐館用餐，我的隔壁桌有五位女士一起聚餐聊天。當我聽到她們都在聊著小孩的教育問題時，我大膽地加入她們一起聊。想不到，她們沒有拒絕我這位不速之客，也樂意與我交流。最終吃完飯、聊完天之後，有幾位媽媽竟主動和我加臉書。（但是完全零互動，可稱是潛水一族。）

想不到，事隔兩年不見。在演講會場裡，這五位媽媽竟然來了三位，甚至還帶著老公一起來聽我演講。讓我驚喜萬分。這件事情給我的啟發是，在生活中多去廣結善緣，未來的日子會有好玩有趣的故事發生。「對人感興趣，生活很有趣」便是最佳註解。

二〇二二年，我第四次到善化圖書館，演講的主題是「逆轉勝的經營學」。這場演講我提出一個哲學性思維，人為何要逆轉勝？如果逆轉勝了，那然後呢？我只是要告訴聽眾，生命不可能一直贏，也不會一直輸，如同老子說的，福禍相倚。我補充說，**人在高潮時，永保謙卑；人在低潮時，準備起飛**。總之，接受生命的總總變化，才能安住其心。

在結束演講，收拾電腦之際，有一位聽眾往我面前走來。我抬頭一看，原來是在我還在迷客夏任職時，擔任店長的前同事姵君。我有些驚訝她竟然會跑來善化聽我演講。因為姵君她住外縣市，這一趟來聽我演講的路途算是遙遠。

姵君告訴我，為何她會大老遠跑來聽我演講。其實她只是想要對我說聲「感恩」。事情是這樣的，姵君以前的店務管理能力偏弱，每次開店長會議總是被我修理到體無完膚。但是我沒有放棄她，她也沒有怨恨我。雖然我已和她不在同一家公司，她覺得我是她在職場能夠持續成長的貴人，所以特地來看我，對我說謝謝。

她的舉動，讓我感動。這個事件讓我明白一件事，身為主管絕對不能只當濫好人，對於部屬能力的提升有責無旁貸的義務。也不要害怕因為點出部屬的缺失而被討厭，要有說實話，敢指正的勇氣。

謝謝善化圖書館王嘉伶館長年年的邀約，帶給我美麗的回憶。也感恩將軍圖書館，開啟我幸福的講座之旅。未來的日子，我仍然會熱情開講，為眾生的美好而講。

助人，成為彼此的光

我的公司唯賀餐飲位於彰化縣埔心鄉。為了回饋鄉里，友好社區關係，公司每年都有編列預算，設立獎助學金供埔心鄉內八所中小學的清寒家庭申請，每人每次三千元。學校老師每學期都會提報名單給公司，再由內部審閱進行匯款。

這是屬於常態式的作業流程。但是若在學期中，有突發狀況，學校老師亦可個案申請，不在此限。打從我二〇二〇年春天走馬上任擔任總經理之前，這是早已行之多年的公益模式，可見我公司的企業文化有「取之於社會，用之於社會」的心胸與格局。

在某個上班日，公司同事拿了一份文件給我簽核。打開一看，我發現這是埔心鄉某所小學老師申請的緊急救助個案，學校希望我公司能幫忙這個學生的家庭，匯款三千元。

這個個案的狀況是這樣的。這位需要幫助的小學生，目前就讀小六，在學校因為運動不慎，跌倒造成骨折住院，產生一筆醫藥費的開銷。老師原先以為這是小事，後來透過家訪之後，發現事情沒有想像的單純。原來這位小六生的爺爺，在他骨折的前幾天，被車子撞傷，也住在醫院療養。

這是一個三明治世代的單親家庭。小六生的爸爸是一個物流士，上有雙親，皆務農，且早已退休無收入，恰又遇到他父親車禍住院更是雪上加霜。下有三個孩子，一個讀高中，一個讀國中，一個讀小學。房子是租賃的，每月的開銷幾乎只能打平。

這次兩人的意外，爺爺車禍，小學生骨折，導致家庭陷入困難，老師才會申請救助金。原先這個案例對公司而言就是匯款而已非常容易。但我心想，給這個家庭三千元，應該很難解決爾後的困境吧。

「公益應該不只是捐錢，或許還可以多做一些。」我看著這份申請書，腦海中升起這個念頭。我想要試著找出助人源頭，了解還可以幫忙的關鍵點。我告訴同事，看看可否約小學生的父親來公司一趟，我希望和這位爸爸聊聊，找出除了捐款以外的方法。

我記得很清楚，因為這位父親上班時間送貨忙碌，只能在下班之後才能來公司見我。所以我們見面的時間是晚上六點半。經由深聊，了解這個家庭的相關背景與情況，我發現一個有機會幫忙的可能。原來家中的大女兒（化名：小華）雖然還在讀高中二年級，但因為要幫忙負擔家計，所以就讀彰化的某所公立高職夜間部。

小華白天有在住家附近的早餐店打工，但因為工作時數只有三個鐘頭，導致收入有限。我與小華父親討論，請他女兒可以來我公司的餐廳應徵門店工讀生。我的如意算盤是，藉由讓小華的工作時數變多，收入也就能提高，對於改善家庭經濟應該會有幫助。小華的父親聽到我給的建議也很開心接受。

但我告訴小華父親，餐飲業找員工不是來者不拒，也不是因為我是總經理的關係說用就用，還是要走面試與晉用流程。我們希望錄取的這位夥伴，是一位熱愛學習，也有服務熱忱的員工。

基於慎重起見，我當晚亦主動打電話給小華，除了了解她是否有意願到我公司面試外，也想要藉機和小華建立初步的友誼。我們大概聊了五分多鐘，電話那頭的小華略顯生澀害羞，她一直對我讓她能到餐廳面試表達感謝之意，也很期待錄取之後，可以趕緊上班。

結束這通電話的十分鐘之後，小華父親傳了一個簡訊給我。上面是這麼寫的：「麻煩總經理給我女兒這份工作，拜託感恩。」當我讀到這句話時，我心酸酸的，我知道小華的家庭真的需要幫助。有些工作，對於不缺錢的人總是興趣缺缺，但對於缺錢的家庭，卻是救命仙丹。

過幾天之後，店長打電話告訴我，小華的面試通過了，即將成為公司的工讀生。

當下我自是開心。助人，除了給魚吃，還能教人釣魚，真的很棒。

讓我來說這個故事的後續發展。有三個亮點：

第一，小華知道自身家庭的經濟困境，所以格外努力打工。她很珍惜這份工作，也與店內主管同事關係良好，打從高二進來上班，便一路做到高三畢業，足足做了兩年之久，一直到考上大學，才離開餐廳。原先只給三千元的公益案子，真真實實改善了小華的家庭生活。

第二，「你以為你在幫助別人，其實你也在幫助自己。」此話怎說呢？眾所皆知，各行各業要招募到好員工不是一件容易的事。若是工讀性質，打工的年資都很短，像小華能夠穩定上班的工讀生，真的不多。

第三，或許是孝順感動老天，老天想要藉機犒賞小華。公司在二〇二二年舉辦的春酒晚會，小華竟然抽中大獎，獨得好幾萬現金。我真心覺得，天無絕人之路，只要願意努力付出，會有幸運之神眷顧。

這篇文章給你什麼啟發呢？或許是我公司的一個公益助貧事件；或許是一個困頓

家庭為了繼續生活下去的普通個案，又或許是小華不向命運低頭，奮發向上得到紅利的故事。但對我而言，是一個永難忘懷的經驗。

我發現，人有一種慣性，就是「多一事不如少一事」。隨著年紀愈來愈大，社會化愈來愈深，很多人都會怕麻煩，害怕惹得一身腥，所以乾脆冷漠以待，避免捲進事端。久而久之，造成人與人的關係更加疏離。但我不想要成為那樣的人。

我想要**熱情待人**；我想要**善良對人**；我想要**雞婆助人**。我覺得，每個人都有惻隱之心，只要願意多做一點，不要怕麻煩，人人都有好故事。

為善最樂，最樂助人。願我們一起走在助人的道路上，成為彼此的光。

你退休後，要規劃如何過生活？

你退休後，要規劃如何過生活？

如果你已到花甲之年，或是半百之人，你可能才會開始思考這個問題。但是，如果你正在讀大學，或是剛屆而立、不惑之齡，你應該會果決告訴我，退休議題離我很遠。目前只需要好好讀書，或是努力工作賺錢，退休生活的到來還久呢！

一般世俗認知，退休年紀大約落在六十

到六十五歲之間。如果退休金存夠了（退休金多少才夠，依每個人的消費習慣不同而有所不同），才有可能提早到五十歲到六十歲左右離開職場。反過來說，如果到了六十五歲，退休金不足以支應未來餘命的開銷，多數人還是會繼續工作，讓收入不至於銳減，影響晚年生活。

為何我會和你聊「退休生活」這個議題呢？先讓我說說兩個小故事。

有一回，我在住家附近的公園散步，突然看到一位眼熟的老人（年約八十）迎面而來。經過我大腦記憶體的快速搜尋，我想起來了，他是我以前在銀行的老長官，李協理。我便大聲呼叫「協理好」。李協理被我這麼一喊，瞪著大眼睛，問我是哪位啊？我說我是家德啊！「喔……家德，好久不見啊。」李協理停頓三秒，露出燦爛的笑容，對我的意外出現說出這句話。

李協理年紀大我三十歲。當我三十歲出頭在銀行擔任業務主管時，他的職級是高我兩階的區域大主管。當年，我在他的麾下作戰，屢創佳績，我不僅升官，他也得到總行長官的讚許，成為當紅區主管。

我們一起共事兩年，度過非常愉快的時光。後來，我被其他銀行挖角，離開原職，李協理也被總行升官委以重任，擔任更高階的職務。從那時候開始，我們就沒有聯絡。當年我三十三歲，他六十三歲。想當然爾，過了兩年之後，他光榮退休，展開新人生。

我禮貌性問候李協理，離開職場的這些年過得好嗎？原本我以為協理會說「很棒」之類的話。想不到，他竟然說：「一言難盡。」讓我對眼前這位八十歲老翁脫口而出之詞感到好奇。我追問怎會一言難盡呢？我們找了公園草地邊的涼椅坐下來，讓我可以聽協理的分享。

「家德，你知道嗎？我退休不到一年的時間，足足瘦了十七公斤。」我們一坐定涼椅，協理說出來的第一句話就讓我差點跌倒。「怎麼可能，退休之後不是沒有壓力，怎麼會瘦這麼多？」我用不可思議的語調問協理。「原本我也以為可以很輕鬆過日子，後來我才明白，退休後沒有生活重心，才是最可怕的一件事。」協理語重心長地說出他的退休感言。

和協理的詳談中，我找到箇中原因。原來，協理還在職場任職時，位高權重，享受掌聲。當他一退休，失去權力與尊榮感，整個人彷彿從天堂掉落地獄，不僅無法適應沒有人噓寒問暖的日子，再加上他也沒有提早建立退休之後的生活重心，讓他心生憂鬱，才會暴瘦。

經過身心科醫師的問診，與自我覺察想要更好的心態，協理找到兩個生活重心，一動一靜，分別是運動與寫書法。再加上他積極主動參與一群退休同事的聯誼活動，才讓他重拾健康，快樂地過退休生活至今。

我繼續說第二個故事。

認識我的人都知道，我喜歡結交大我十歲以上的朋友。一來，他們的職場與生活經驗豐富，可以讓我請益；二來，他們已走過的人生道路，正是未來我必須要面對的生活，學習他們的生活智慧，可以讓我少走冤枉路，讓日子過得充裕不慌張。（舉個例子：我喜歡看蔣勳、蔡詩萍、王浩一、劉克襄等大師級的書籍，從字裡行間讀懂他們的生命態度，甚至有機會向他們貼身交流，就是一證。）

所以現在半百的我，已經開始思索未來十餘年之後的退休日子該怎麼規劃。這是極大的超前部署，也是提早擘劃第二或是第三人生的曲線。如同文章第一句話所說的：「你退休後，要規劃如何過生活？」其實，我想要訴說的，不是「退休」這個議題，而是如何過「生活」這個好問題。

一樣有一回，我在某個社交場合聚餐，認識一位七十歲的新朋友。這位朋友，面掛笑容，和藹可親，一看就知道很好聊。因為他就坐在我身旁，我便伺機和他多聊幾句。我客氣地問他，如何安排自己的退休生活。想不到，這個問題讓他話匣子一開，滔滔不絕說了好多想法，讓我更加確信，退休只是假議題，懂得過好生活才是真命題。

這位新朋友家住岡山，在國內一間老字號的上市公司擔任中階主管，待了近四十年都沒有換工作到屆齡退休。他說，他到六十歲時，便開始有意識他的老年生活應該要好好規劃。主因是，他看到他好幾位老長官，在退休後，都沒有思考餘生該怎麼過，導致有些人加速失智，甚至也有人因為沒有生活重心，很快就生病離開人世，讓他驚慌不已。

他告訴我，他把未來退休的日子分成兩部分規劃。第一，「**財務指標**」，盤點身家財產，以未來餘命可以活到九十歲做安排往前推，計算出他未來退休生活，可以花費的額度。第二，「**時間安排**」，培養興趣與嗜好，他開始買一塊小農地，還在上班時，就當一位假日農夫。等到六十五歲正式退休後，當一位全職農夫，種菜種水果，除了自用還可以與親朋好友分享。他說，因為有分享蔬果的機緣，讓他可以到處串門子，而且走到哪裡，受歡迎到哪裡。

接著，他安排許多戶外活動，舉凡每月爬幾次山，固定每年一定和老友相約到遠方旅行，都是他的日常。當我聆聽他的退休交響曲之後，我明白兩件事，是我可以給現在還在上班或者仍在職場打拚的你一些建議。

首先，**一定要努力賺錢存錢**，**也要學會投資理財**。快要到達退休年紀的人，如果沒有積蓄，會是一件很可怕的事。我從我身旁的「富裕」退休人士看到一個現象，哪怕他們已經很有錢，他們依然對財富的控管很執迷，深怕晚年不保。

再來，一**定要提早培養興趣與建立未來的生活重心**。近年來，我身邊朋友的父母親，相繼傳來失智的消息。經我深入了解，他們幾乎足不出戶，沒有嗜好與休閒，也沒有社交圈，導致自我封閉太久，身體也就加速衰敗。我自己認為，最遲一定要在五十歲左右，建構未來退休的生活重心，否則往後的人生歲月，必定空洞乏味。

這兩個故事給你什麼啟發呢？我真實感受到：「持續保有生活重心與打造精采人生的價值觀，決定一個人的生命品質。」

不是老了就要退休。如果在職場很有價值與貢獻度，又熱愛工作，上班到七八十歲仍大有人在，這種人，退休兩字對他而言一點意義都沒有，因為工作就是生活，生活就是工作。

也不是退休就是老了。有些人提早財富自由，發現生活有其他面向可以發揮，選擇退出職場，投入好玩的場域也是可行的。這種人可以旅行，可以從事公益活動，可以過屬於他的C型人生都是有意義的。

生活之美，美在豐盛。期許我們人生有夢也有愛，用好心情過好每一天。

人生不用到處較勁

覺察自己的寧靜，人生不用到處較勁。

幾年前到埔里出差，晚上與NU PASTA埔里店的夥伴慶功吃飯。因為夜已深，便留宿埔里一晚。翌日睡一覺起來，我必須要趕回公司開九點的早會。埔里到彰化有一個小時的車程，所以我大約七點左右就要從民宿退房。

當發動車子，準備起程時，我發現儀錶

板亮出胎壓異常的訊號。面對此困境，我必須做出判斷，到底是胎壓太低而已，還是輪胎有破。我曾經在高速公路上有過突然破胎的經驗，所以對於輪胎有異狀，總是比較容易警覺。

這趟回程我必須走國道六號轉國道三號，再轉76快速道路，一路上都是高速行駛的大馬路。當下，為了安全起見，我告訴我自己還是先找輪胎店檢查胎壓優先。這個決定，可能會有兩個狀況會發生。第一，因為時間太早，輪胎店（修車廠）根本還沒開門。第二，是否要換輪胎的不確定性，可能讓我來不及主持開早會。

一早發生這種鳥事。你的心情如何呢？

我打開Google地圖，打上關鍵字「輪胎店」。開始往輪胎店密度比較最高的那一個區域駛去。雖然我明知地圖上的輪胎店幾乎都標示不營業，但我也只能活馬當死馬醫，碰碰運氣了。

沿著尚未甦醒，人車皆少的街道慢駛，我看到一家輪胎店竟然有開門。雖然手機的地圖上是顯示「尚未營業」。但這就是業務精神，永不放棄，當你真心想要，老天爺或許會為你開一扇窗的。

我立馬右轉，開了進去請老闆檢查。老闆是一位將近七十歲的阿伯，他正在吃早餐配電視新聞。我很快地說明來意，冒昧的請他幫我檢查輪子。或許是鄉下地方，老闆有著純樸性格，不會因為太早叨擾他而顯得不悅。他用俐落的身手檢查，轉頭告訴我，純粹胎壓不足，輪胎沒破，馬上幫我打氣之後，便說可以繼續上路了。

我問他多少錢？他說免費。你說，我是不是都遇到好人。「對人好，遇好人」，這是真理。

我自覺過意不去。遂打開車子的後行李箱，打算拿一本我的書送給他。關於送書，這是我的補償之道，也是最好的交換禮物。以書會友，禮輕情意重，自用送禮兩相宜。

我問老闆大名，老闆告訴我，他叫「文筆」。我一邊簽他的名字，一邊感到暖心有趣。心想文筆這個名字取得真好啊。練文筆寫書，簽文筆送書。

與文筆阿伯說再見後，很快的，我就往公司的回程駛去。回顧這一路，從看到胎壓異常到決定到鎮上找輪胎店，我的心情都是寧靜安穩的。甚至，對於可能來不及開會，我也都做好心理準備。

沒錯，一早鳥事，卻是好事。全然臣服，欣然接納，這才是日常的「修行」。接受發生在自己身上的一切事物。當可以輕易地覺察自己情緒變化，而做出最佳的決策與行動時，你就是自己生命的主人。

關於覺察，我覺得是一輩子的功課，那是關於「定、靜、安、慮、得」的自我修練。我常在演講場問聽眾？什麼是「修行」？每當我問這個問題時，很多人會以為我要說出多麼高深的學問與宗教名言。其實沒有。我說，**我對「修行」的見解就是「『修』理自己的不『行』」**。

把自己不行的地方修理好了，就是修行。

學生課業修習完成，考試通過能夠畢業，就是修行。上班族工作做完做好，能夠加薪升官，就是修行。與人為善，待人接物圓融，人緣變好，就是修行。體態想要強壯窈窕，開始注重睡眠、飲食與運動，就是修行。總之，先覺察自己的不行與不足，適度的找出修理與補充方法，就是修行。

可以自我覺察，那是一種天賦，實屬不易。通常多數人，包含我自己，總是要在跌跌撞撞之後，才能覺察自己的缺點與盲點。這就是成長的過程，也是讓自己變得更好的日常。

讓別人來讓我們自己變得更好，我有一個好故事可以分享。這是一個「好服務」的故事。在這故事的背後，可以覺察到真誠與感恩的力量。

有一天，我妹跟我說，在台南市區有一家素食的小來刈包店，非常好吃。然後又告訴我，會開這家店是有故事的。我一聽到有「故事」，就感到好奇，遂上網查了一番。這個「故事」還真的讓人感動，讓我說給你聽。

「小來」這個店名，是老闆女友的名字。原先兩人說好，在不久的將來要一起開一家素食早餐店。結果女友不幸因為心臟病而過世。刈包這個產品是小來所發想，深愛女友的老闆為了圓女友的夢，就以女友之名，開了這家刈包店。

小來刈包在二〇一八年五月一日開幕。原先老闆只想開一年就好，因為自己顧這個攤子真的很累很辛苦。二來，也算是與小來刈包一起走過這條創業之路。但因為刈包太好吃了，熟客新客紛紛請他繼續做，老闆基於想要持續推廣素食的心不變，也就繼續賣到現在。

創業的故事說完了。場景換到我這邊。在我看完小來刈包的報導後，近幾年，我只要有經過他的店附近，就會去買來吃。因為真的很美味可口，我便把老闆的訂餐電話輸入在手機，每次只要想吃，就會先打電話，避免久候。

有一回，我突然又想吃小來刈包。也就打電話訂餐。等我到現場之後，老闆竟然告訴我，他要還我十元。當下，我一頭霧水。他接著說，上個月我開車去買，但是當時因為車子不好路邊停車，他便直接拿到車上給我。我拿錢給他之後，他必須要找我十元，但因為車流量大，我就告訴他不用找了。

想不到，老闆把我的手機名字輸入「還十元」。意思就是提醒他，如果我還有打電話來訂餐，他要扣掉十元。天啊，老闆也太貼心了吧。說實話，我早已忘記這回事，而他竟然還記得。我覺得這十元是小費也不為過，但他卻是用心記住。難怪他的生意那麼好，真的是慈悲與善良兼具的好老闆。

與心對話，覺察天地萬物；與人對話，覺察世間有情。關於覺察的領悟，絕對是老天送給我們最大的禮物。而找出修行的道路，更是讓自己變更好的寶物。

能夠「給予」是幸福

我希望你們可以互相認識，就這樣子。約莫二十年前，我認識兩位台南鹽水人，一位張三，一位李四。雖然我也是台南人，但跟他們兩位相比，他們都是台南鹽水，我是台南新市，還是不太一樣的。

張三大李四有五歲之多，所以他們縱使讀同一所國中、高中，也不太可以認識。兩人都到台北念大學，一位讀政治大學，一位讀中興法商（現在的台北大學），也是沒有交集。

當年，我在銀行總行負責財富管理業務，進而有機會認識他們兩位。張三與李四都是金融圈的高階主管，因為和我有業務上的往來，漸漸與我熟識。

眾所皆知，要和新認識的朋友愈來愈熟識，一定會從了解彼此開始。而了解彼此最安全也做有效的方法就是「聊天」。張三得知我們都是台南人，有好感。李四得知我們也是台南人，有好感。當我得知張三是鹽水人，李四也是鹽水人，我告訴他們兩人，要介紹他們一起認識，更有好感。

你是一個喜歡介紹朋友互相認識的人嗎？我是，而且樂此不疲。我曾經說過，如果想要讓人脈圈擴大，把自己的朋友互相介紹是一種好方法。願意介紹朋友一起認識，除了讓自己成為媒人外，更重要的是，你在朋友心目中的地位也會提高，因為大家藉此交到對的朋友，會很開心的。

在那個還沒有Line可以拉群組互相討論事情的年代，我個別打電話給張三與李四，約定好某一天，我訂好餐廳，找他們兩人出來一起吃飯。我的目的就是讓他們互相認識。如果你問我，除了互相認識還要幹嘛呢？答案是：「沒有，就是介紹認識而已。」

有人質疑我，我花了高鐵來回的車資與交通移動的成本，只為介紹兩人認識？這樣太不划算了，應該還有其他考量吧！

「在天光底下，或許應該要有其他算計。比如因為我對誰好，他就應該要幫我的忙。又或者我幫朋友一個忙，下次他應該也要幫我一次才算公平。」這些在我們心中充斥著看似正確無誤的價值觀，是不是也是造成人際關係發臭的主因呢？

隨著年紀愈大，見識日漸廣闊，我告訴自己，能夠「給予」就是幸福。介紹張三與李四認識是基於他們是同鄉人，能讓兩位在台北打拚的遊子聊聊他們的故鄉，我覺得挺溫暖的。

「人與人之間的友誼，會發展成怎樣？沒有人知道，但創造更多交流機會讓友誼加溫，待步入老年，再細細品味，會有淡淡的芳香，沁心入鼻。」這是我書寫人際關係核心價值的終極觀念。

二〇二二年的初春，我加火星爺爺的臉書進而成為臉友。說到底，會加臉書一定有什麼契機可言。當時，我看到火星爺爺在臉書上介紹好友郝旭烈（郝哥）的新書，而我也在同一時間在臉書幫忙推薦，基於有「一同」推薦的理由，我便發個私訊給火星爺爺，向他告知我們都是郝哥的朋友。

說到火星爺爺，不得不提他在TED x Taipei的演講，他演講主題「跟沒有借東西」有高達三百多萬人次的點閱，極受歡迎。也推薦你打開瞧瞧，一定會產生正向積極的力量。

認識火星爺爺的一個月後，我從臉書看見火星爺爺出版新書《我在地球的奇異旅程》。基於好書互挺，我便馬上買回家閱讀。這本好書非常感人，讀來熱淚盈眶，久久不能自己。

看完這本新書，基於好書推薦原則，我寫了一篇推薦文放在臉書上。希望我的朋友都可以去買來看。我節錄其中一段分享文：

看這本書，很容易就掉眼淚。尤其讀到父親與母親的篇章，更是淚腺潰堤，一發不可收拾。為什麼緣深情淺，為什麼命運坎坷，為什麼生不逢時，這是大時代、小人物的縮影，如你我人生一般，就在眼前，也在劇裡。

一位七歲之前還在地上爬的小孩，因為小兒麻痺的限制，反而讓他活出無限精采的生命。火星爺爺用他熱血的志氣，與不向命運低頭的勇氣，讓世人看見他的好運氣。如果要我從這本書焠出最大的心得，我會想說：不要看你沒有的，要珍惜你現在有的；發心感恩並找機會回報幫助過你的人，你將是這個世界上，最幸運也是最幸福的人。

火星爺爺看到我寫的文章之後，過沒幾天，他不惶多讓也在臉書寫下閱讀《不是我人脈廣，只是我對人好》的心得文章。我亦摘錄其中一段他寫的文字：

用三個關鍵字，跟大家分享吳家德老師這本書：「好奇」、「為善」、「感恩」。身為不擅社交的內向者，我較少觸及人脈學，但這本書讀起來很舒服。與其說這本書講人脈，它更像遊記，紀錄家德老師深度接觸身邊人的「觀光」紀錄。

這本書，由很多小故事組成，盛夏讀來，沁涼透心，良善蔓延。讀著讀著，會覺得家德老師，真是「人間神奇觀光客」。他就是能把遇上的人，變成絕妙景點。傳說的「點石成金」魔法，你聽過沒看過。但這本書，你可以看見如何「點人成景」。當你一路遇上絕美景點，這趟人間觀光，就是奇異旅程了。

「別人有恩於我，必定加倍奉還」，這是我年過半百，愈來愈奉行的信仰。當我得知，火星爺爺的新書發表會第一場在台北舉辦（當時公告，是唯一的一場），我便成為第一個報名參加的讀者。這個舉動，想要讓火星爺爺知道，我樂於專程北上，和他相見歡。

也因為彼此「有來有往」的互相站台，好玩的事情又發生……

火星爺爺在臉書的推薦文，讓他的好朋友法國攝影藝廊YellowKorner台灣區的執行長程大洲先生來加我好友。

大洲兄很有禮貌，發一個私訊給我。他說：「Hi家德兄，您好，透過火星爺爺推薦書的分享，看到您的著作，立馬買了回來閱讀，覺得非常受用，想說如果您有機會北上時，是否有機會跟您當面請益交流？」

可想而知，對於有新朋友來認識我，對方又是火星爺爺多年好友，我怎能抗拒這番請求呢！很快的，我們就約好時間見面。更好玩的是，原先我以為我會先與火星爺爺見面，殊不知，我與大洲兄的緣分竟比火星爺爺快了一周。

與大洲兄見面是非常開心的。在那一個下午茶時光，我得到非常寶貴的藝廊知識，也從大洲兄身上聞到我們都喜歡認識新朋友的味道。大洲兄告訴我，他的職場前輩給他一個觀念，**如果想要認識一個人，請他吃頓飯是最好的方法**。大洲兄信了這個理念，也因此讓他交友滿天下。而我也完全同意這個觀點，不論是吃飯或一杯咖啡的時間，能夠坐下來好好聊一聊便是「有緣的人生」。

既然我北上與大洲兄喝過下午茶了，後來又在一星期之後，到台北與火星爺爺見面。那麼最期待的另一件事，就是我們三人何時聚首，一起相見歡呢？答案是「大約在冬季」。

我們三人都是行動派的。馬上成立群組，開始敲彼此都可以的時間。這次見面地點是火星爺爺在台北的住家。他打算拿出他的看家本領，手沖香醇濃厚的咖啡，讓我與大洲兄脣齒留香。

雖然大家工作各有忙碌，我們還是非常用心地排出某一天的早上聚會。我們從早上十點，暢談到午後一點，在那三個鐘頭的時間，除了喝咖啡，就是聊人生，沒有別的了。三人相談甚歡，時間飛逝超快。

結束聚會，要告辭之際，大洲兄與火星爺爺都問我，等等下午的行程，我安排要去哪？我說：「沒有了，專程來看兩位。」當我說出這句話時，火星爺爺與大洲兄都露出感動的表情，他們的神情彷彿告訴我，「家德，你這個朋友我交定了。」

或許他們不知道，我在二十年前，就有「專程」北上，安排兩位鹽水人彼此認識的經驗。這個習慣，早已養成啊。

心中有愛，生活就會更幸福

家德珍重　佛光山　蔣勳　2009.3.15

這幾個字是蔣勳老師親簽在二〇〇二年出版《蔣勳精選集》，扉頁上題字送給我的祝福之語。

時光拉回二〇〇九年的元月，我從網路上得知蔣勳老師在台中國家美術館有一場講座，演講題目是「一個讀詩的下午」。我馬上上網報名參加。結果發現報名人數已額滿。我不甘心，打電話給主辦單位，詢問是否還有機會報名。承辦人員告訴我，可以到現場排候補，只要早到，一定有機會的。

「拚了，我一定要親臨現場，聽到蔣老師的演講。」掛下電話之後，我這麼告訴自己。這場講座是二二八國定假日的活動，當天一早，我一個人從台南開車到台中，排到候補第二位，專程聽這場演講，這是我永生難忘的記憶。

二〇〇八年九月爆發全球金融海嘯，許多公司倒閉，人民失業。當年我在銀行上班，充分感受到這股不安沉重的氛圍。我知道我需要得到內心的安寧與救贖，我開始讀詩，開始與自己的內心對話。也就在這尋求安穩的契機中，我看到了這場演講訊息，進而讓我與蔣勳老師結這份善緣。

聽蔣勳老師的演講，有一種如沐春風的感覺，很容易陶醉，也很能引起共鳴。在這場講座中，我記得蔣老師說了一個饒富哲理的好故事。他說，在還沒有手機地圖導航的年代，他到中國的邊疆旅行，或許是地廣人稀，擔心走錯道路，便問一位婦人他們要去的目的地怎麼走？

這位婦人聽完蔣勳老師的問題回答說：「這條路繼續走是對的，只要再走兩天向右轉就到了。」這段話引起現場聽眾的哄堂大笑。蔣老師說，這在台灣是不可能發生的。大家追求的是速度，是快感，高鐵從台北到高雄只要一個半小時，大家都嫌太慢，聽到兩天大概就暈倒了。

講座結束之前，蔣老師要現場聽眾眼睛閉上，專注聆聽他朗讀的一首詩〈願〉。

我願是滿山的杜鵑　只為一次無憾的春天
我願是繁星　捨給一個夏天的夜晚
我願是千萬條江河　流向唯一的海洋
我願是那月　為你　再一次圓滿

這是我在人間聽過最美的聲音之一，到現在我依然記得這份感動。

從此之後，我開始認真「追」蔣勳老師的演講。

很幸運的，過幾天之後，我又從網路上看到蔣老師在佛光山的佛光緣美術館有一場演講，題目是「美的覺醒」。二話不說，當然一定要前往聆聽。演講會後，原想拿蔣老師的書讓他簽名。無奈，當日蔣勳老師是不簽書的。我便在他休息的貴賓室門口徘徊……。

或許是菩薩加持，當我在門口踱步之際，當時是佛光山都監院的院長慧傳法師彷佛知道我這位小粉絲的渴望，竟招手請我入內與蔣老師比鄰而座。我感到不可思議，竟然有機會與蔣老師聊上幾句話。當年的這段畫面，我記憶猶新。而我覺得我也是一位懂得感恩之人，過幾年之後，趁慧傳法師到佛光山南台別院演講之際，我特別告訴他這個往事，感謝他的神來一揮，讓我心想事成。

這兩場關於「詩」與「美」的知識饗宴，讓我對蔣勳老師更加崇拜，也讓我這十多年來，只要是蔣老師的講座，時間上只要允許，我一定會前往聆聽。

時隔數月，台南文化中心舉辦一場講座，蔣老師演講《富春山居圖》。《富春山居圖》的作者是元朝的畫家黃公望，黃公望在八十幾歲時，閱歷生命的浮沉起落，經歷人世的滄海桑田，最終完成這幅曠世傑作。在他的筆觸中，盡是老莊的道家哲學，展現寧靜，沒有牽掛的人生風景。

我是這麼聽蔣勳老師描述黃公望的一生……

「黃公望小時候天資聰穎，很會讀書，年少時就被選拔參加神童的考試。長大後，在政府單位當官，負責田糧賦稅。到了四十多歲，因為個性耿直，被長官貪賄連累，因而坐牢。出獄後，長期隱居民間，賣卜維生，通易經與八卦，看盡繁華的生命……」

就是這一句「賣卜維生」，牽動我的敏感神經。突然想起，離我上班的地方不到三百公尺的馬路旁，有一個很顯眼的小攤子，攤子旁有一位老人，閒來就在位置上寫寫書法，等著有緣人走上前去讓他「占卜」解惑。我想，這應該相當契合黃公望在街頭「賣卜維生」的場景吧。

我把現代的這位老人，想像成古代的黃公望，心裡想著，真是太有趣了，原來我每天幾乎都會看見的老人，竟是一位隱居山林的道家高手。因為聽了蔣老師的演講，終於按捺不住好奇心的作祟，我走向前去與這位老人攀談。

我想要分享的是，當我坐在在攤位，將近二十分鐘的時間裡，我聽著老人不斷的告訴我，關於我的命運，在先天上與後天的差異，又該如何調整與預防時，那時在我的心中，卻是不斷回味蔣老師訴說的黃公望街頭「賣卜維生」淡泊名利的心情。

一場演講，讓我發現，原來「賣卜維生」也是一種生活美學；一場演講，讓我驚覺，生命中，有很多不經意的小事，都值得讓我們停下腳步，細細的欣賞與品味。如果沒有聽蔣老師的演講，何來讓我有這麼多的生活樂趣呢！

我深深覺得，不論東方的書法或畫作，抑或西方的藝術或人文，蔣老師講解的功力，總能夠深入淺出的帶領聽眾，走進作者的內心世界，分享作品的內在核心，讓聽眾回味無窮。蔣老師說：「美，其實就是回來做自己。」一句簡單不過的話，卻讓我感同身受，省思不已。

從二〇〇九年聽蔣老師的第一場演講開始，一直到二〇一四年，這六年的時間，我可說是蔣老師的粉絲與書迷。也因為聽蔣老師演講次數多了，讓蔣老師稍稍知道有一位他的鐵粉默默地支持他。

二〇一四年的秋天，因為要幫佛光山南台別院邀約許多講師前來演講的任務，我向承辦活動的師父提出可以邀請蔣勳老師前來分享，師父一聽當然非常期盼，便請我執行這個工作。也就因為這個契機，得以讓我有機會到台南高鐵站接蔣勳老師來南台別院，創造更多與老師互動的善緣好運。

我記得很清楚，當天演講結束後，我載老師回飯店休息。在車上，聽見老師的咳嗽聲。當下我認為，老師講了近二小時的話，喉嚨終究會不舒服。與老師道別後，我便到附近的店家買柚子蔘。再度把車開回到飯店，交咐櫃檯人員，待老師明天退房時，可以讓他含在嘴裡，甜在心裡，也希望他會喜歡我的貼心。

過了幾天之後，我又要到高鐵台南站接另一位演講者，想不到，還沒有接到講者，就先遇到蔣老師。而蔣老師看見我的第一句話竟是說：「家德，謝謝你的柚子蔘，我的喉嚨舒服多了。」當下，我真的好感動，也知道我做對了。

這幾年，拜臉書社群所賜，得以透過私訊的連結與蔣老師有更多的文字對話，這都是讓我非常開心的事。蔣勳老師在臉書分享的照片與文字，總能讓我感到喜悅。

某一天的上班日的，吃飽飯後，走到公司外頭的小徑散散步。因為公司位處鄉下，周遭有許多農田。看到一片翠綠的稻田，便突然想起蔣勳老師在他臉書寫的兩個句子：「稻葉的綠翠中浮泛出一片淡淡的金黃熠燿輝煌的光亮。」、「小滿後的稻穗正在抽長，青綠裡泛出金黃。」我覺得蔣老師的文字功力好強，意境好美，讓我看到稻田景象，想起的都是老師優美的字句。真心佩服蔣老師對大自然的細微觀察與二十四節氣的體悟，那是歲月洗鍊的大智慧，我崇拜之。

新冠疫情的這三年，雖然蔣老師實體演講的機會變少了，但還好老師適時製作Podcast節目《美的沉思 回來認識自己》，讓廣大的讀者與聽眾，可以線上收聽，撫慰眾人心靈。

若問蔣老師出現在我生命中的意義到底是什麼？我歸納出三件事，是我感受特深的。

第一，真誠的處世原則：蔣老師的言行舉止，都是我的生活的典範。每每在聽講的場合，看見老師一舉手、一投足的風采，都能讓人感到心情平靜。有這位大師可以效法，我感到幸福。

第二，深厚的美學素養：這十多年來，不論是聽講還是閱讀，我都能從蔣老師的身上，深入了解東西方的文學與藝術。在商業掛帥的世界裡，老師的文字與聲音，滋潤我不足的美學素養。

第三，慈悲的生命態度：隨著年紀增長，生命的體悟也就愈深。有些朋友會跟我說，我偶爾在臉書寫下的文字充滿生命的道理與深省，我覺得這與我讀蔣勳老師的文章有關。因為聽了蔣老師的人生故事，讓我更懂謙卑與寬容。

如果，心中有愛，生活就會更幸福；如果，慈悲待人，日子就會更歡喜；如果，人脈利他，生命會無限美好；如果，樂善好施，心胸將寬如大海；如果，此生有願，祝福眾生皆平安。

關於這些「如果」的種種，我從蔣勳老師的身上習得不少。

做一個喜歡自己的人

「家德老師好，我去年七月離職，本來覺得自己太衝動，不斷評價自己，但今天老師上課提到真正離職原因除了薪資不如預期，還有受委屈，我才恍然大悟，我確實感到委屈，我也勇敢面對我的感受，甚至提出方案，我不需要糾結過去，應該要往前努力。再次聽到人脈與人緣的關係，對應到身邊朋友因為急於拓展人脈，卻沒有維繫好關係，導致朋友大量流失，更驗證老師今天提到的故事，覺得可以從別人的分享得到學習，真的好幸福。」

這段心得文是我在某個周日早晨幫勞動部ＹＳ青年職涯發展中心的年輕職場工作者上完課之後，一位學員給我的回饋。這堂課的主題是「安靜離職錯了嗎？找到平衡工作與熱情是關鍵！」。

「安靜離職（Quiet quitting）」是一個職場新興用語。指的是員工採用**消極態度**面對公司的各項工作，只用**最低標準**做完事情。

有安靜離職這樣的心態與行為錯了嗎？為什麼近年的職場生態會讓上班族有這種心理訴求發生呢？職場工作者如何快樂工作，幸福生活，找到自己的天命與天賦呢？以上的問題是我當天課程的核心。也是我要向聽眾闡述的重點。

關於安靜離職，我是這麼告訴前來聽講的學員。我說，**打算或正在安靜離職的人，他們只是暫時放棄這份「工作成就感」，但仍然想要繼續追求「生活幸福感」**。

為何我會這麼說呢？且讓我娓娓道來。

「工作」是我們透過自身能力獲取收入與累積財富的最主要方式。世界上，不用工作的人很少，人人幾乎都需要工作，只是工作的年資占他生命多長或多短而已。

既然工作不可免，「樂在工作」就不只是口號，而是可以在生命中實踐的美好價值。但是重點來了，為何會有很多人在工作上不盡如意，鎩羽而歸呢？答案當然很多種，我列舉幾個比較重大的因素，包括：薪資太低、壓力過大、與公司理念不合、同事相處不融洽、不被老闆（主管）重用等等。至於能力不足、工時太長、通勤太遠等次要問題也是很多人的離職理由。

當上班族陷入剛剛提到工作不如意的諸多狀況時，試想，有多少人會願意打起精神全力以赴呢？我想，真的不多。只要工作的態度與價值觀開始轉成消極與保守，他往安靜離職的距離就會更近一步。

但已經或正想要安靜離職的人，難道沒有想要過好他的生活嗎？我覺得還是有的。所以，他會開始思考他的人生下一步在哪裡？他可能開始上人力銀行找新工作，只是尚未找到；他可能已經利用下班時間在補習班補習公職考試，所以現在的工作只是備胎；他可能希望能準時下班，用他原先很強的技能（擔任各類才藝的老師、健身教練、社群網紅或部落客……）去兼差繼續賺錢，老闆不要發現就好。

這些人表現出來的，就有可能是安靜離職的模樣。雖然現在他的工作感受不是很好或工作已食之無味，但他仍然想要讓自己的生活好過一些。總的來說，生活是一個人生命的總和，而工作只占一部分，若是工作不順心，自然而然投入工作的時間與程度就會降低，他們會試圖在工作以外的時間，追求自主生活的幸福感。

突然有一天，在時機成熟之際，或許是找到薪水更高的工作，他會跳巢到新公司；或許是考上公職，他會到政府機構當一位公務人員；或許是業外收入已經大於本業薪資，他會正大光明當一位自雇者。那時，他的工作熱情又會回歸，展現出熱愛工作的樣子。這時，在他生活的大圈圈，工作的占比就會往外擴張，呈現出動態調整的結果。過了一段時日，假如又遇到工作不如意的狀況發生，他可能又會陷入下一個安靜離職的泥沼。

如何讓自己擺脫安靜離職的無限輪迴呢？我提出三個心法。

首先，要先學習自我探索的三部曲。第一是「**與自己對話**」，第二是「**找到天賦**」，第三是「**接納不完美**」，目的是確立自己人生的定位與方向。接著，開始打造成為更好的自己的五把鑰匙，包括先有「**夢想**」、再藉由「**環境**」與「**學習**」驅動自我成長，更讓「**時間**」與「**貴人**」成為加速器，開啟職涯成功之門。

最終，**認同生活是一場熱情的遊戲**，**人生活著**，**就是要好好體驗闖關**。幸福生活需要快樂工作的支持，而快樂工作可以成就幸福生活。

許多年輕朋友，常常會藉由演講或私訊，問我關於職涯的大小事。這其中，又以辦公室與人相處的問題最多，也最讓人頭痛。如前所述，當職場關係不良，溝通不順，就有可能讓安靜離職跑出來作亂。

職場上與人相處，包括三種關係的應對，分別是：「向上管理，平行管理，向下管理」。簡言之，就是與主管如何保持好關係、如何在同儕團體優游其中，與對部屬的領導往來如何拿捏。我用我多年的工作經驗，提出這三種的應對法則。

第一種「**向上管理**」**的指導原則是**「**真誠積極**」。就是和主管互動首重真誠，不能虛情假意，否則主管很容易不信任你。有了真誠的心，再搭配積極樂觀的態度，表現出有效率且優質的工作績效，主管當然欣賞你。

第二種**「平行管理」的應對方式是「善良平和」**。意思就是表現出善良，好相處的模樣，讓同事喜歡你，幫你說好話。也樂意挺身而出，幫助同事解決工作的難題。久而久之，你在公司的好口碑就會愈來愈好。與同事的相處之道，切忌不要八卦，也不要說他人長短，這是永保安康的護身符。

第三種**「向下管理」的關鍵核心在於「美妙公平」**。主管不需要擺高姿態，讓部屬感覺難親近。若是身段柔軟，兼容並蓄，必得民心。更重要的是，對夥伴一定要公平客觀，不能偏心，否則也會落人口實，不好帶兵遣將。

若問你這三種管理法則，哪一種是最多人會來請教我的？我想大家應該都會回答「向上管理」。因為這個議題從古至今，從老到少，是最容易讓職場工作者迷惘與懊惱的。

如何與主管好好相處呢？這是許多人的課題。與主管互動過於緊密，人家說你阿諛奉承抱大腿，與主管保持距離太過疏遠，升官加薪又離你太遠，該怎麼做呢？說實話，這真的沒有標準答案，因為老闆特質百百種，只能見招拆招，找出最適合的那一招。

向上管理不是逢迎拍馬，而是懂得尊敬老闆，幫老闆分勞解憂，就是向上管理的精神。我常說的：「**走在老闆後面，想在老闆前面**」就是向上管理的最高準則。

依我之見，向上管理有四個法則可以學習與遵循：

第一，知道老闆的特質：既然要與老闆共事，清楚老闆的人格特質是必要的。比如老闆是急驚風還是慢郎中；比如老闆是愛恨分明還是大方小氣，都是讓自己好應對的基本要件。

第二，定期回報工作進度：這一點大概是向上管理最重要的精隨。既然是憑本事做事，就要讓老闆信任，而定期回報你做哪些事，便是讓老闆欣賞的關鍵。

第三，有疑義就請示老闆：這是小心駛得萬年船的做法。很多職場工作者之所以會陰溝裡翻船，都跟擅自作主有關係。你以為老闆會接受，他偏不喜歡；你以為老闆上意。

會同意，他卻有不同意見。所以，當遇到不確定性問題時，寧可多問，也不要揣摩

第四，適度和老闆當朋友：這一點是我職場的多年體悟。我珍惜與人相遇的緣分，不會只想要公歸公；私歸私，希望能和老闆成為終生的朋友。所以我會與老闆有工作以外的交集，比如聊小孩教育問題，又或一起相約去運動等等。我希望老闆不只是喜歡我的工作表現，而是更知道我是一位怎樣的人。

多年前，我曾經寫下這段心情小語，藉此分享身為樂活上班族的心態：

在簡單的生活中沉思，寫一首好詩。
在繁忙的工作中偷閒，築一方夢田。
在熱情的人生中奔跑，有一種美好。

祝福大家在工作與生活當中，都能找到快樂與幸福，做一個喜歡自己的人。

為這世界點一盞小小的光明燈

這篇是這本書的最後一章，我想要用「公益」的主軸當結尾。

我在演講的自我介紹，會提到我有四種身分。第一個是總經理，讓我用商業思維幫公司與自己賺錢；第二個是作家，讓我書寫文章發表己見，與有緣的讀者互動；第三個是熱情人，讓我驅動世界，與人為善也廣結善緣；第四個是公益者，讓我學習付出，感受人活在世間最珍貴的價值。

寫這本書的過程，我正擔任公司的總經理，在假日時光，適時轉換身分變成作家書寫文章或在外演講，而熱情的特質是我身體的基因，永遠都在。所以，我想要用這篇文章，讓你了解我從事公益的心路歷程。

打從民國一〇五年開始，我就立下一個目標，就是每年透過臉書募款一百萬。當然不是一個案子就募一百萬。通常一整年下來，我會執行六到八個案子，每個公益案約略募十萬到四十萬不等。細數近十年下來，我都有達標。這都要感謝眾多好友的力挺，還有老天厚愛的幫忙才能完成。

為什麼我會在四十歲左右的年紀，開始走向公益之路，進而樂意為偏鄉孩子或弱勢族群募款呢？我思考許久，找到三個關鍵要素。且讓我說給你聽。

第一、走入安寧病房當志工。這是當年二十六歲的我，老天給我最好的禮物。生與死的距離就在呼吸之間，但我們很難體會。唯有走入醫院，才能看得透，瞧得準。那一年的志工生涯，讓我明白「無常」與「明天」哪一個先到，你根本不會知道。

我意會到，生命的長度是老天決定的，但寬度可以自己拓展。所以，我打算讓日子過得精采豐富，也想要快樂的過每一天。左思右想之後，既然古人說，助人為快樂之本、施比受更有福，加上自己真切體會到，助人不是能力而是意願，我便發心在我有生之年，多行善，樂布施，將會是我一生的志業。

第二、擔任佛光山南台別院「安樂富有」講座義工。這個義工工作我大約做了十年，從三十五歲做到四十五歲。講座舉辦的方式是，每年四月前後，連續舉辦三十場的演講不中斷。活動內容除了會有法師的佛學講座外，也會安排心理勵志、人際溝通、健康保健、親子教育、投資理財、職涯發展、生活旅遊等面向的議題。

可想而知，這些多元的議題，需要找到一時之選的講師，才能吸引更多的聽眾前來聽講。而我，便是負責邀約講師的召集人。這份工作得來不易，因為我要代表佛光山與講者接洽，也要安排行前的行政、交通等等事宜，都要非常謹慎小心，才能完成師父的託付。蔣勳、蔡詩萍、王浩一、王溢嘉、劉克襄、褚士瑩、林書煒、許皓宜、謝文憲、葉丙成、沈芯菱、謝金河、夏韻芬、陳立恆、何厚華、田定豐等各界名師，都曾是我邀請的對象。

這段歲月，是我人生的光輝十年。我曾接送上百位名人，從高鐵站到佛光山南台別院，光是來回這兩趟車程一個多小時的時間，藉由與他們聊天的貼身學習，讓我視野大開，格局提高，也更加明白「付出才會傑出」的道理。

各位試想，每年做這種無償的工作，一做做十年，怎能不讓自己的公益心發作呢！而我之所以會成為作家，也是跟這個活動有關。「安樂富有」講座每年需要大量聯繫講師前來演講，而講師幾乎都是作家，作家需要賣書，賣書一事就會請我聯絡出版社，出版社的編輯與行銷認識多了，出書的機會也就更濃了。

第三、認識邱建智先生。看到邱建智三字，有些讀者很陌生，有些朋友（包括臉友）應該就會稍有印象，因為他出現在我臉書募款案的文章數十次。建智是我公益之路的急先鋒，過去這十年，他總是深入偏鄉部落，找到需要幫助的人，然後通報給我，我們並肩一起完成許多公益案子。所以，有建智這位好友，讓我走在公益路上，得以看到更多美麗的風景。

讓我來說說怎麼認識建智的過程：

二〇一四年的暑假，我帶孩子到台東旅行兼到偏鄉舉辦一場校園理財演講。在都蘭小村落裡認識一位簡餐店的老闆余冠榮先生。閒聊中，冠榮兄得知我持續關心偏鄉孩童的教育議題，遂提起他在都蘭也有幫忙成立一個「興昌書屋」，目的就是讓孩子放學後有一個避風港，這是一個有老師課輔，孩子互相玩樂的小空間。

冠榮兄接著告訴我，草創興昌書屋時，有一位貴人相助，他是邱建智先生，不僅在書屋的硬體設備大力協助完成，包含孩子需要的物資與金錢補助也都陸續支持。

聽完冠榮兄的說明，我非常感動，心想建智的行為就是「人間菩薩」的表率，我一定要去認識他。又這麼恰巧，當年我在高雄工作，而建智也在高雄上班，我便用臉書私訊聯繫他。我是這麼寫的：「邱先生您好，我是吳家德。從冠榮兄那耳聞您對興昌書屋的付出，著實令我佩服與讚歎。希望有機會與您認識並向您請益。」很快的，兩周後，我們就見面了。

我問建智，是什麼原因讓他如此發心，願意為孩子無償付出。他說了一個故事讓我熱淚盈眶，也感動不已。他說，多年前，花蓮有一個弱勢團體需要幫助，有二十多個小朋友生活困頓。他發心，要幫這群小孩每人買一雙新鞋。

他靠自己工作掙下的錢，一點一滴的存下。數月後，終於有足夠的經費幫他們買鞋。而鞋店的老闆，知道他買鞋子是要幫助小孩，也很熱心的用很低的折數賣他。有一對讀小四、小五的姊妹，受到建智的捐贈後，感動得嚎啕大哭。她們說，這是她們今生的第一雙新鞋，因為之前都只能撿二手的穿。

這個助人的案例影響建智很深。他知道台灣的角落還有許多沒被看見的幽暗之地，他希望用他的一己之力，讓更多人被照顧到。建智和我一樣也是上班族。但他休假日都會開著中型貨車，上山下海，運送物資到偏鄉。

說實話，他沒有義務做這些粗重的事，更不需要犧牲家庭生活到處奔波。只因為他對社會底層的孩子有一份濃厚的愛。是他的大愛，讓他扛起這份責任；是他的無私，讓孩子得到照顧。而我，願意當他堅實的後盾，一起成就更多的公益案件。

我常在想，什麼樣子才是最美好的人生。活到現在半百，我會說，助人利他的志業是我爾後追求美好人生的目標。

只要是人，一定先想到自己。然後家人，最後才是有緣人。這中間的差別有「比例原則」與「時間序列」。什麼意思呢？比例原則就是，若是賺十元，有人拿三元出來布施，有人只願意拿一元，但這都沒有關係，因為每個人考量風險與安全的價值觀不同。沒有對錯。

時間序列是指，愈早行善的人，他得到快樂幸福的時光愈多。有些人比較晚知道這個道理，他能夠「利他助人」的機會就比較少。但這也沒有好壞之分，純就個人的現況去做抉擇。綜合上述，我的意思是，能愈早行善，又能付出愈多的人，他就是全世界最幸福的人。

「樂在公益，助人有益。」當你讀完這本書，你會明白，生活是一場熱情的遊戲，每天都要用快樂的心情與世界對話。我只是一個平凡的小人物，但我發心，我要行善一輩子，也要與人同行同贏，為這世界點一盞小小的光明燈。

生活是一場熱情的遊戲

看世界的方法 227

作者　吳家德

封面攝影　林潘
裝幀設計　謝佳穎
內頁排版　華漢電腦排版有限公司
責任編輯　魏于婷

董事長　林明燕
副董事長　林良珀
藝術總監　黃寶萍

社長　許悔之
總編輯　林煜幃
副總編輯　施彥如
美術主編　吳佳璘
主編　魏于婷
行政助理　陳芃妤

策略顧問　黃惠美・郭旭原・郭思敏・郭孟君
顧問　施昇輝・林志隆・張佳雯・謝恩仁
法律顧問　國際通商法律事務所／邵瓊慧律師

出版　有鹿文化事業有限公司
地址　台北市大安區信義路三段106號10樓之4
電話　02-2700-8388
傳眞　02-2700-8178
網址　http://www.uniqueroute.com
電子信箱　service@uniqueroute.com

製版印刷　沐春行銷創意有限公司

總經銷　紅螞蟻圖書有限公司
地址　台北市內湖區舊宗路二段121巷19號
電話　02-2795-3656
傳眞　02-2795-4100
網址　http://www.e-redant.com

ISBN：978-626-7262-17-7
EISBN：978-626-7262-25-2
初版一刷：2023年6月

定價：380元

國家圖書館出版品預行編目（CIP）資料

生活是一場熱情的遊戲 / 吳家德著 . ── 初版 . ──
臺北市：有鹿文化事業有限公司，2023.06
面；公分 . ─（看世界的方法；227）
ISBN 978-626-7262-17-7（平裝）
1. CST: 人生哲學　2. CST: 生活指導

191.9　112005839